# 如何老去

長壽的想像、迷思及智慧

常青——著

# 目錄

## 第二章　那些養生派焦慮分子



## 第三章　別讓我在晚年把詩與丟光

## 第四章　衰老是一盤大雜燴



## 第五章　父親的腦、時間感和記憶

## 第六章　想像活到一百歲

推薦序

# 老學美學，一趟人生的必經旅程

李若綺

弘道基金會有一套老化體驗裝備叫「彭祖體驗包」，體驗者透過穿戴裝備，瞬間讓時間快轉至身體功能退化那一刻，身歷「耆」境感受視茫、重聽、駝背、行動不便等情況，希望藉此讓青年體驗者了解長者在生活的處境，進而同理、尊重，相傳古人彭祖一共活了八百二十歲，其孝順、同理心的個性以及高齡者的印象，正符合我們此體驗的精神與用意，故取其名。

但出乎意料的，有些年輕學生體驗完後竟回饋：「老了好可怕，我不想變老。」或是「如果老了這麼不方便，我希望活到六十五歲就好。」他們能體會到老人家的辛苦，也願意之後要放慢他們的節奏陪伴長輩，但伴隨而來的念頭，居然還有恐懼與擔心。

於是去年開始，我們在體驗過程中加入了「長者導師」角色，招募五十五歲以上的長者分享自身的「迎老經驗」，讓年輕人除了生理感受外，也進一步聆聽長輩面對老之將至的心聲，看見多元老之歷程，開啟一扇世代對話的門，同時也開啟了現在與未來的時空旅程，因為我們終將會迎來老年。

十年前，弘道舉辦「不老騎士」摩托車環台活動，帶領十七位平均已八十一歲卻仍懷抱環島夢想的不老騎士展開十三天一千一百七十八公里的摩托車環島之旅，高血壓、糖尿病、關節退化、心血管疾病幾乎存在於每位長輩的病歷資料，擁有助聽器的比例就像擁有手機一樣普遍，更有甚者還列冊了癌症、胃出血、心臟病等重大疾病在「輝煌」病史中，幾乎沒有一個人是無病無痛的「健康」人士。

當我們還在擔心長輩的身心狀況是否能挺過這漫長旅途時，長輩們的表現卻令人驚豔，眼中散發的神采就跟大學生環島一般熱血無異，臉上常掛的笑容就跟孩子一樣開心純真，翻轉了大眾對於「老去」等於「無趣」想像，原來暮年不是只有看電視的選項，原來當你追求夢想時，你會忘記自己的年齡和病痛。

隊伍中，有一位高齡八十歲的康爺爺笑說：「年輕人說『只要我喜歡，什麼都可以！』但對我而言，『只要我可以，什麼都喜歡！』」雖然康爺爺有多重慢性病和關節退化的毛病，但對於還能做的事，卻從不放棄嘗試的機會；另一位德玉爺爺在環島之後，更以八十多歲之姿攻頂玉山、挑戰壯遊美國大峽谷，即便我正值壯年都自嘆弗如爺爺的勇氣與精神。

是的，身體退化不可逆，就像作者在本書中撰述的，古今有多少帝王將相、歷史豪傑想要青春永駐、長生不死卻終不可得。生老病死就像一堂人生習題，我們從呱呱落地那一刻就必須面對，如何與老和諧共處亦是一堂人生美學，有些人過得豐富精采，有些人則可以奉獻社會，端看人們怎麼看待老後人生，那麼，該永保青春的是容顏，還是我們的心態呢？

本文作者為弘道老人福利基金會執行長

# 第一章

# 重新定義的中年和老年

大多數人將活得很長，他們在很高的年齡才死去。
不僅僅是醫學，我們自己也需要開始準備好，面對這一事實。

# 一、邁過八十歲的門檻

醫學院畢業那一年，我的博士論文是在北京協和醫院的眼科，做的是一個與眼睛有關的課題。

當時年輕，只是就眼睛，研究眼睛。在小說《九月裡的三十年》裡，記錄了一些熟悉的場景。深夜坐著一輛空空的公共汽車去屠宰場，穿著門口的工作高靴進入操作間，請操刀師父取出六對豬眼睛，放進冰盒。一路小跑，在黑夜中，如同科幻小說中的神秘角色，穿越寂靜、已無人跡的馬路，穿過協和醫院老樓黝黑的地下室，一人在幽暗的實驗室中面對豬眼睛，分離視網膜色素上皮細胞。身邊是平克・佛洛伊德樂隊的音樂，徹夜陪伴。

當時做的實驗，是與眼睛的黃斑部病變有關。年齡相關的黃斑部病變——AMD（Age-related Macular Degeneration）。隨著年齡的增加，光線持續的刺激，視網膜色素上皮細胞中的端粒酶會越來越短，與視力衰退有關，與衰老相關。

這是我第一次如此近距離地接近「衰老」——從細胞的水準，研究到端粒酶DNA的表達。這是我與老年有關的最初科學體驗。

幾年前，我的外婆去世，其時一百歲。她的身分不僅是我的外婆，還是一位寫進某個官方名單的「長壽老人」。我的老家，是以百歲老人居多的長壽之鄉。外婆是我身邊見到的第一個百歲老人，據說在一百歲生日那天，當地會有官方派人帶著一台彩電上門慶賀。她之前嘴裡叨叨一句話：千萬挺住，別在慶賀的現場掛了。

中國的春節團聚，是一個幾乎最深切核算人的具體年齡的場景。回頭再看看我的一堆親戚中，不乏已過八十歲，還能早起鍛鍊、健步如飛的人。每當春節團聚，問起具體年齡，才會驚覺眼前的八十歲老人，真的與兒時所見八十歲老人的面目不太一樣，似乎有一雙大手在空中塗抹，讓衰老變得模糊，讓年齡變得不那麼如時鐘刻度般工整。

看來，不只是統計數字顯示，長壽確切、真實地發生在身邊。

有一天，我讀到這樣的新聞，已是稀鬆平常。其時，我在一個書店裡隨便逛，剛路過一整桌「重點推介」，都是與人工智慧、奇點來臨有關的書籍。

據《每日電訊報》報導，耶路撒冷的希伯來大學歷史學教授 Yuval Noah Harari 提出，富人們正在試圖把自己變成一種半機械人。如果成功，這將是生物學史上的重要的革命。Harari 教授認為，人類的欲望是無止境的，對任何現有的事物都不會滿足，人們對待自身條件就和對待 iPhone 一樣，一旦對其不滿，就會想辦法去升級。並且他認為在未來兩百年左右，人類會把自己升級到不可消亡的存在。在未來，人們會通過生物控制或者基因工程等高科技把自己變成一半是有機物、一半是無機物的半機械人，這種半機械人會全知全能，甚至能掌握自己的生死。生物的出現已經有四十億年的歷史，一個物種出生即會消亡似乎是亙古不變的事實。人類文明裡不斷出現神鬼，也是人類希望生命會有無窮延續的一種表現，而近一兩個世紀，科技飛速發展，人們對神靈的依賴也在減弱，最近一項研究表明，二十一世紀的年輕人中，66%已經沒有宗教信仰。如果半機械人真的試驗成功，那麼宗教、金錢、人權、情感等一切人類屬性都將岌岌可危。Harari 教授說，按照如今的科技發展速度，死亡只不過是一個有待解決的技術問題。

這位 Yuval Noah Harari 教授出現在 TED 上的一段著名演講，題目是——〈何以解釋人類的崛起〉（What explains the rise of humans?）。

隔天，我知道了一個新名詞：超人類主義（transhumanism），指的是：運用科學理性和前沿科技，攻克人類自身某些條件的局限，以徹底提升人類的「生活品質」。包括運用最新的前沿技術來治療衰老、提升人類的智力。至於是什麼樣的「生活品質」？此處應該用引號先括起來，這本書將一層層剝開，深入細究。

從前，「年老」是世間永恆秩序的一個神秘的必要部分。

現在，它逐漸被一種世俗、科技和個人主義的「年老」所取代。

從前，人獲得越來越長的老年，是文明的產物，物種的存續並不需要老年也不必有這個階段。如作家唐諾所說。

現在，醫療是一種資訊科技，指數級增長，奈米機器人將超越生物學。到二〇二九年，人類將抵達一個臨界點，開始走向永生的可能。因為人類所有的限制中，最深刻的限制是「生命長度」的限制。如美國奇點大學校長雷·庫茲韋爾（Ray Kurzweil）所說。

## 二、曾經的生命很短暫

《皆大歡喜》中第二幕第七場，莎士比亞藉由人物傑奎斯的口吻，把人生比喻為七個階段：嬰兒、學童、年輕戀人、軍人、法官、退休者、衰弱的老人……

大千世界是個舞台，
所有男男女女不外是戲子；
各有登場和退場，
一生扮演著那麼些角色，
七樣年齡分七幕。首先是嬰兒，
……
最後一場戲——
結束這變化莫測的戲劇的一場——

是再來的幼稚，全然的健忘，
沒牙齒，沒眼力，沒口味，沒一切。

最後這個階段「衰弱的老人」，莎士比亞的描述是：二度嬰孩時代，無意識，沒牙齒，看不見，食不知味，一無所有。

似乎從遠古起，這就是我們人類的處境：年歲短暫、稍縱即逝、白駒過隙……我們傾慕那些比我們的短暫年歲要久遠的東西：大自然中經由地殼運動和時間雕刻之下的山水和峽谷，一棟有歷史的教堂或是寺廟，一則代代傳讀的神話，一件經年流傳的骨董……

有很長一段時間，能完整的走完莎士比亞筆下七個人生階段的人，並不多見。在石器時代，大多數嬰兒活不到一兩歲就死去了。人類的平均預期壽命可能低於二十歲。

當羅馬帝國在西元第一個千年的第一個世紀達到鼎盛之時，預期壽命也只進步到二十五歲。

到了中世紀，在第二個千年的第一個世紀，人類的預期壽命大約是三十歲。文藝復興時，達到三十五歲。

在還不算太久遠的上個世紀之前，生命短暫，人們以相應態度面對，以接受「生之為人」無法避免的衰老與死亡，接受自己的肉體朽壞的宿命。

據傳十九世紀初，一位愛丁堡精算師班傑明．岡珀茨（Benjamin Gompertz）建立了一個方程式，當時被保險公司用來算生命壽險。根據這個方程式所畫出的圖，在當時被稱為死亡斜率。生物學家用這個方程式，來描述動物和人類的生長率和衰老率。二十世紀統計學的奠基人卡爾．皮爾遜（Karl Pearson），一位有創意的英國統計學家，授權一位畫家，以圖畫表現這個方程式，皮爾遜稱之為〈生命之橋〉。畫中是這樣描繪的：

人們正在過橋，途中經歷很多危險。

最初一個新生嬰兒，面臨著被從其祖先遺骨上紛紛落下的骷髏所擊中的危險。這形象地描繪了嬰兒出生前，遺傳病所帶給他們的傷害。

長大的孩子們，毫無痛苦地大步過橋時卻遇到了新危險：一夥狙擊手占據前方，亂射他們，武器都是潛在致命的，隨著在橋上一步步行進，武器變得越來越精銳，起初是弓箭，而後是馬克沁機槍（一種水冷卻機槍），接著是老式大口徑短槍，瞄準過橋人的最後一把代表了當時那個年代命中率最高的槍——溫徹斯特連發步槍。

即使開始僥倖沒被打倒的人，最終也難逃厄運，因為橋並沒有連接彼岸，所有人都墜入陰間，顯然，這是一座有去無回的橋！

……

這幅畫形象地展示給人們：人生日益變得風險重重，即便我們的生命能夠延長，生命之橋的跨距會更大，但仍通不到彼岸，無論那個所謂的「彼岸」是什麼，在何方。

當然，這幅畫還有一個意圖：人們並非只是死於衰老本身，「死亡斜率」其實反映了所有致命疾病的總和。在後面，我們會談到。

在中國，各時期的平均壽命是這樣的：夏代十八歲，唐朝二十七歲，民國時期三十五歲，一九八一年六十八歲，二〇〇五年七十二歲。

來自中國歷史文字的直接證據，至少到商代，老人已有專屬的造字，當時的「老」字，象形地用一個披著頭髮、樣子有點狼狽的人形。和老人相關的文字只寥寥幾個，和幼兒的「子」形相關的文字則非常多。作家唐諾對此有一段有意思的解讀：兩者的文字比例懸殊，文字的數量多寡，「通常直接說明了它在人現實生活裡的分量和範疇」。

暫先擱置「生命之橋」究竟能有多長的問題，如下的數字，至少向我們展示了自十九世紀，它開始漸漸延長。而那漸漸開始延長的壽命，也改變著人們的生活：大約從一八四〇年起，人的預期壽命平均每年增加三個月。

一九〇〇年，美國新生兒的預期壽命約為四十七歲。到一九三〇年，增加到六十歲；一九六〇年，七十歲；到一九九〇年，七十五歲。現在，這個數字是七十九歲。美國不算世界最高，最高的是日本——八十四歲。預計到本世紀中，美國人的預期壽命將達八十八歲，二十一世紀末將是一百歲。

僅僅在過去的二十世紀一百年內，增加了近三十歲，人類的預期壽命第一次增長得如此迅猛。從不可想像，到漸懷期待，有生之年內我們就能延長自己的壽命。自一九六〇年，全球百歲老人的數目，每隔十年會翻一倍。

似乎可以這麼說，即便沒有靈藥，我們也會迎來一個新的時代。

但這個時代具體是什麼？長壽時代？模糊地老去、後半段生命線漸漸延長的時代？

這正是這本書想探討的問題，因為它真的就與我們自己有關，與每個人有關。正如曾經的《童年的消逝》或《娛樂至死》一樣。

## 三、生存曾經只是一場機遇遊戲

在朝向跨過八十歲門檻的壽命暢想時，一股廣袤的樂觀主義升起，並漸漸彌散，歷史中的某些階段因為不再應景，很少被提起。我們也漸漸淡忘了傳染病在歷史上曾經是多麼的瘋狂。

每一個想了解「人究竟可以在世上活多長」的人，不妨現在花幾分鐘去想像一下那個傳染病肆虐的年代。那時，醫學專家花了半個世紀才確認了「洗手對人有好處」這一事實，但塞麥爾維斯（Ignaz Semmelweis）這位匈牙利醫生，早在一八四八年便知道了，他自己卻在瘋人院中離開人世，真是應了那句不太中聽卻也是事實的話：「科學的每一次進展，都要奠基一座墳墓。」

在傳染病肆虐的歷史時期，人們的生存，不過是機遇的遊戲——如同在中世紀的歐洲，有人說，錢幣的一面上刻有病態的形象，似乎提醒人們：生存只是一場機遇遊戲。

由於其時的環境衛生問題，流行病橫行，百日咳、猩紅熱、白喉……兒童死亡率很高。結核是成人的首要致死原因。飢餓進一步加劇了病情。面對這些難題，並沒有什麼有效答案，病人只能依靠良好護理，或是祈禱，沒有太多的生還希望。

漸漸地，城鎮的人口越來越聚集，疾病變得更容易流行。新的傳播疾病的方式，也開始增多。人與牛、馬、羊、豬這些家畜有密集地接觸，這樣的後果是：天花很可能是從牛傳過來的，瘧疾最厲害的一種瘧原蟲是從鳥類來的，許多類型的流行性感冒是來自豬。

十九世紀末，法國的科學家路易·巴斯德提出，細菌或濾過性病毒是引起傳染病的原因，而非之前人們以為的壞空氣、臭味、體液的不平衡。到一九四〇年，抗生素開始普遍使用，傳染病漸漸退居幕後，自此，它不再是致命的頭號殺手，人類的壽命延長了。盤尼西林——青黴素，甚至被稱為是「醫學界兩千四百年以來最大的進步」。

青黴素不是這場人類壽命的大幅延長的唯一英雄。傳染病的控制，還歸功於其他兩大進步：公共衛生項目、疫苗。

從臨床醫學的角度，藥物特別是抗生素，使得人類壽命有延長的可能。在臨床醫學的其他進步，則極大地減少了分娩和外傷的死亡率。尤其是新法接生的應用，大大降低了產婦與新生兒的死亡率。

與衛生環境和其他公共衛生措施有關的社會變革，也功不可沒。它從一個新的角度，定義了人群集聚的城市，應該具有哪些公共衛生功能。因為這樣的社會層面的革新，它們降低了傳染病的死亡風險，特別是兒童時期的死亡風險。

天花自二十世紀六〇年代開始全面種痘之後，十二年的時光就絕跡了。剛開始宣導種痘時，全世界約有一千萬到一千五百萬的人口得天花，2%的人死於天花。到一九七九年時，天花病毒只存在於少數幾個高警戒的實驗室中。

傳染病造成的死亡漸漸減少，心臟病取而代之，排在其後的是癌症。一九〇〇年的美國，死於肺炎、流行性感冒和肺結核的人數，是今天死於心血管疾病、癌症和中風人數的兩倍。但今天，心血管疾病、癌症和中風人數已居高位，是肺炎、流行性感冒和肺結核加起來的十倍。

在對付傳染病的方法出現之前，癌症或心血管疾病，並不常見。那時人們因為傳染病，離世早。這些疾病症狀在尚未出現前，患者可能就死了，進而顯得這些疾病在當時可以被認為根本不存在。等壽命漸漸開始延長之後，新的一些疾病漸漸暴露出來了：糖尿病、老年癡呆……

今天，醫學必須面對這一新事實：大多數人將活得很長，他們在很高的年齡才死去。

不僅僅是醫學，我們自己也需要開始準備好，面對這一事實。

## 四、延長壽命，延長了什麼？

世界上的發達國家中，預期壽命已經差不多達到八十歲。我們會進入這樣的一種公路電影式的畫面想像：

——當在人生道路上行進時，我們也在接受著時光的餽贈。如同我們在一條在建的高速公路上行駛，同時築路機又以可觀的加速度延長著道路。對於一個普通人來說，這真是一個好時代。

「非常長的壽命，可能是現在發達國家的大部分人的命運。」一位丹麥老年病學家說。

樂觀的專家們做出這樣的預測：「近一百六十多年來，壽命期限一直以直線上升，這種線性的進步，並沒有顯示人類壽命期限將會達到極致。」在最長壽的人群中，壽命仍在繼續進步，我們並沒有達到極限。

有另外一種聲音，打斷這種「單純線性預測」的「不斷向前」：在對壽命做這些線性的預測時，需要放寬視野。歷史中平均壽命的長期增長，有時在這裡或那裡被打斷，會被大規模的戰爭打斷、被饑荒打斷、被瘟疫打斷……呈現鋸齒狀，凹凸不平。十四世紀的瘟疫殺死了幾乎一半的歐洲人。第二次世界大戰中，五千多萬人失去生命。俄國男人在戰爭中死亡眾多，以至在整整一代人中，強壯的男人嚴重缺失。隨後，俄羅斯男人的平均壽命再次下降，原因是：太少的工作、太少的食物和藥品、太多的伏特加和菸草。

有一些保守的人口學家認為，我們已處於平均壽命的極限。未來一百年的時間內，我們不可能再提升平均壽命：美國的平均壽命將會下降，一如在俄羅斯，原因在於如此多的漢堡和炸薯條。此外，如同比較動物和人的壽命，差異可能不僅是年齡而已。成長在大自然中鳥類的壽命，與動物園中同種鳥類的壽命，這兩個作比較，其實沒什麼意義。為什麼？因為不管是試管、汽車、電腦，或人類……被損壞的理由有很多種——東西本身的脆弱性，它們所生存的環境是否艱苦、運氣的好壞，以及假如它們會老、它們隨時間變脆弱的速度……壽命的長短，其實包含了上面所有的原因。

在準備談論長壽之前，先來釐清幾個深層的問題和定義，它有助於我們一步步接近本質問題。比如，人類壽命大幅提升，是因為我們身體的「衰老」比一千年前延緩了嗎？延緩了死亡，是否因為延緩了衰老的起步時間點和衰老的過程？現在人的壽命比以前長，這是否代表著人老化的速度變慢了呢？在過去的幾千年裡，人的身體是否有了任何改變？我們今天的生活形態，究竟是加速還是延緩我們的老化，各種醫療手段是否更多的是在維持我們不死去但也「病怏怏地活著」的日子？

在上一節，列出的各歷史階段的壽命數字，其實是「平均壽命」、「預期可以活到的壽命」。假設有一個群體，它的嬰兒在五歲之前的死亡率是一半，但其他的人都活到九十歲，那麼這個群的平均壽命會只有四十多歲而已。這個四十多歲是「平均壽命」，它不是這個群體大人真正的生命長度，真正可以活到的「壽命」。這裡穿插一句：其實在過去，醫療不發達國家的嬰兒和兒童死亡率常被低估，因為當時人的壽命有多長是從墓碑上去算的，或者考古學家從挖出來的骨頭去估計死亡年齡的。在許多文化裡，嬰兒的死亡並不進行記載，也沒有喪葬儀式。這樣下來，即便是已經很低的「平均壽命」，依舊是偏高估的。

人類的平均壽命，與人真正可以活到的壽命，含義不同。在控制傳染病的三大進步出現之前，當時的人們只能活到三十歲至四十歲左右的年紀，生命很短，確實是非常的短。但也有少數人，活到了今天也認為是長命的年紀。比如，柏拉圖活到八十歲。法老裡面的拉美西斯二世，活過九十歲。比如，那些歷史上的國王、皇帝。朝代的更替是歷史大事，國王或皇帝的壽命，歷史上都記載得很清楚。他們也不太可能死於營養不良，他們生存的環境相對優越和安全，可以活到我們現在認為長命的年紀。一些羅馬的皇帝活到七十多歲，英國歷史上，頭六個壽終正寢的國王（西元一〇六六至一四〇〇年之間）活了五十六歲到六十八歲。從這些來看，古代的人是「有可能」活到我們今天認為長壽的年齡的，也會有一些幸運的老壽星，只是比較少而已。

在過去的兩百年裡，人的平均壽命達到了之前的兩倍多。單純去看這些關於人類壽命的數據時，總會滋生出簡單的樂觀主義。如果深入剖析，可以看到兩個明顯的分界：

自一九六〇年開始，人類壽命的增加主要來自於——六十歲以上人群壽命的延長，而非來自拯救更多的年輕人。大部分壽命增長是因為——老年人生活的改善、更多可以延長生命的醫療手段。

在一九六〇年以前，兒童生活的改善和婦女生育的改善，是壽命大幅延長的主要原因。二十世紀早期，隨著疫苗、抗生素和更好的醫療護理，更多兒童避免了夭折，傳染病得到有效治療，人類的壽命因此增加。一九〇〇年，那些生育期的婦女，十五到三十五歲之間的婦女死亡率是今天的十倍。這些巨大的改變，是由於接生過程對衛生的重視，抗生素的發明。產褥熱這種子宮受細菌感染而使產婦送命的疾病，越來越少發生。

也許你可以開始感覺到，在過去一百年中，我們所改變的是——打擊傳染病的能力增加了，水質變好了，食物保存和烹調的環境改善了，其他公共衛生措施增強了。我們老化的速度在過去的一百里，事實上減慢了一點點。

我們很成功地將環境變得很安全，生存的環境越來越舒適。雖然以下這個比喻不完全準確，但大意是：如同一隻田鼠在野外存活一年，待在安全的籠子裡則可以活三年。我們能比較好地幫助嬰兒與兒童安穩度過他們危險的頭幾年。我們在照顧老人晚年生活這方面也開始做得更好。但是，我們似乎暫時還沒辦法改變身體的衰退率。我們的身體沒有改變，我們也未曾「演化」，僅僅幾代人之內，預期壽命增加了三十歲，時段太短，不足以稱為「演化」。

二十世紀以來，在預期壽命上，嬰兒已多爭取了二十五歲，年輕人多爭取了十五歲，六十五歲以上多了兩歲。與難以駕馭的生老病死進程本身相比，社會以及醫學與傳染性疾病的鬥爭，顯得相對容易一些。曾經的「短壽」，是因為當時環境太惡劣的關係，而不是人們在生物衰退率上的差別。

從前人類的老化跟今天，也許沒有什麼兩樣。

雖然因為醫藥的進步，在今天可以特意用人為的方式，使一些生理機能已經衰弱的人活得更久一點。隨著人距離生物學上的生存極限越來越近，生活水準提高帶來的回報，將越來越少，進而到達某一個平台期。

相對舒適、安全的生存環境，醫學手段花樣不斷翻新的世界，使得我們中的大多數人都有望跨過八十歲的門檻。如果談論人的壽命極限的話，又會比這要更長一些。寫進世界長壽紀錄的法國的讓娜·卡爾蒙，活到了一百二十二歲四個月。目前來看，人生路途的那個終點——在一百二十歲左右。即使那些超級長壽者，也得止步於此。目前大多數老年學家，傾向於認為這就是我們的界限。當然，如果那些「超人類主義」的科技元素成真，那又將是另一個故事。

現在人類死亡的兩大原因是癌症和心腦血管方面的疾病。假如人類可以完全消滅癌症，壽命也就再多延長兩至三年而已。把心腦血管疾病完全消滅，壽命可延長大約三到四年。假如可以消滅這兩種疾病，可以增加人類的壽命總計達六年。

然後，人類下一步如何突破延年益壽的極限？只有等待革命性的生物技術的干預了。等待下一個浪潮。

## 五、延緩了死亡，並沒有延緩衰老？

如果在目前進步的基礎上，壽命可以再進一步被延長，它究竟是「哪一種的延長」？是隨著我們壽命的增加，生命中的衰弱狀態的時間會縮短？還是我們的壽命在增加，但衰弱狀態的時間也同步延長，相當於延長了那個「氣喘吁吁、動輒臥床、甚至渾身上下零件失調插滿管子」的狀態——延長了「那還存在的一口氣」的時間？

一九八〇年，史丹佛醫學院的教授詹姆斯．F．弗萊斯（James F. Fries）提出了一個聽起來比較美妙的理論——「發病率縮減」（compression of morbidity）理論。隨著壽命延長至八、九十歲，我們將過上更加健康的生活——不受病殘困擾的時間更長，病殘者的人數也會更少。也就是說，隨著壽命的增加，生命中的衰弱狀態的時間會變得更短。

是否真的能如此美妙？人將活得更久，然後幾乎不必經受病痛或生理衰退，便突然死去？它承諾了一種在死亡降臨前的青春常駐的景象。這促進了「美國不朽者」的產生，調動起了人們對再生醫學的興趣。但如果，它不能實現呢？將可能產生在第三章描述的「老年下半場」。

目前的真實現狀是什麼呢？阿圖．葛文德（Atul Gawande）醫生在《最好的告別》（*Being Mortal*）一書中，描述了美國老人的現狀：約28%的八十歲及八十歲以上的人，有著各種生理功能問題。「預期壽命雖然在延長，但是沒有患上疾病的時間，卻在縮短。生理功能的喪失亦是如此，身體喪失功能的預期時間也在延長。」加上我們身處在一個製造疾病的時代，生活被醫療化，生命中許多正常的過程，如生老病死和不快樂，都可以成為新的疾病。

過去五十年中，醫療保健雖然放慢了人們走向死亡的步伐，卻沒有在相應程度上減緩衰老。患病率非但沒有減少，反而呈增加的趨勢——隨著平均壽命的延長，因喪失能力而導致殘疾的時間長度，也隨之增加。

如同阿圖醫生親眼目睹父親的經歷，現代人通向死亡的道路被延長了。死亡通常是由慢性疾病——心血管疾病、癌症、中風、老年癡呆症、糖尿病等——的併發症引起的。以中風為例，好消息是，人們已經極大地降低了中風的死亡率。在二〇〇〇到二〇一〇年間，中風死亡率降低了20％。壞消息是，美國約六百八十萬名中風倖存者，飽受癱瘓或者喪失語言功能之苦的不在少數；一千三百多萬美國「悄無聲息的」中風生還者，都經受著更加微妙的腦部功能紊亂，比如思維過程、情緒管理和認知功能異常；比這更糟糕的是，預計未來十五年，美國因中風引發的殘疾病人數量將增加50％。

「我們或許會比父輩們活得更久，但老年時，可能會變得更加羸弱無力。我們真的希望以這種狀態活著嗎？對於我來說，不是。」阿圖醫生說。

那些最駭人的可能——癡呆和其他獲得性精神殘疾，更為堪憂。現在大約有五百萬六十五歲以上的美國人，患有老年癡呆症。年齡在八十五歲以上的三分之一的老年人，患這種疾病。接下來數十年中，此方面的改善並不樂觀，在第五章將更詳細地描述。

如果要在壽命上走得更遠，能夠顯著地改變人類壽命的真正希望，在於去發現衰老的本質，洞悉自然老化的原因，進而能夠改變其變化的速率，發展出真正能延緩老化的方法。

## 六、一個人多老，會被認為是老者

在中國國際時裝周二〇一五年秋冬發布會上，一位叫王德順的老人登場，讓很多人覺得驚豔。他的年齡是七十九歲，看上去健美、矯健、自信。

在一段勵志短視頻中，他介紹自己：

我是王德順，地地道道的瀋陽人。一場T台走秀，讓很多人認識了我。有人叫我最帥大爺，也有人說我一夜爆紅。

可是你知道嗎，為了這一天，我足足準備了六十年。

二十四歲我當話劇演員。

四十四歲開始學英語。

四十九歲創造了造型默劇，到北京成了一名老北漂，沒房沒車，一切從頭開始。

五十歲我進了健身房，開始健身。

五十七歲，我再次走上了舞台，創造了世界唯一的藝術形式，它叫活雕塑。

七十歲，我開始有意識地練腹肌。

七十九歲，我走上了T台。

我今年八十歲，還有夢，還有追求。

相信我，人的潛能是可以挖掘的。當你說太晚了的時候，它可能是你退卻的藉口……

王德順所表演的《生命》、《囚》等默劇，在表演領域中，其實算是偏門。因為這種形式，只能通過形體、表情、手勢、步伐……來展現人物的情感和性格。他說自己最喜歡這首詩，白樺的〈船〉：「只要我還有一根完整的龍骨，絕不駛進避風的港灣；把生命放在征途上，讓勇敢來決定道路的寬窄、長短。」

展現在我們面前的王德順，全然不是莎士比亞筆下的人生第七個階段的面貌。他的年齡，也將穩穩地跨過八十歲的門檻。

不獨是T台，看看我們日常的周圍，不少七十、八十歲左右的老人，雖然不是

T台活躍的有型有款的那一位，但可能是廣場舞熱鬧人群中的那一位，街邊公園大合唱中一起飆高音的那一位，甚至馬拉松長跑隊伍中的那一位……讓我們先暫擱人類壽命極限的討論，至少有一種現象已經不可阻擋地發生，那就是在老人還沒有被疾病擊倒之前，曾經對於某一個老齡的預設形象，在發生著模糊和改變。

三十年前不可想像的老齡預設形象，如今，已不足為奇。

我重新又認真閱讀了作家唐諾的文字，在《世間的名字》的〈老人〉這篇中，他寫道：人獲得越來越長的老年，完全是文明的產物，物種的存續並不需要老年，也不必有這個階段。生殖傳種的責任結束，緊鄰的就是死亡，因此，那種喜歡用純生物性理由解釋人類行為，相信所謂「大自然智慧」從而無視人類文化建構深刻意義的人，很容易得出某種殘酷荒唐的結論。比較極端的例子是，日本東京有一任市長公然狂言：那些過了更年期已停止排卵的女性，活著是浪費。

> 人的老年要成立，我個人以為它仍是一種人類自身的道德自省（當然你也想可以追溯回人類獨特家庭結構所衍生的情感和不忍之心，惟起源絕不等同於結

果），但光是如此仍是危險的搖晃的甚至復歸虛無，它還需要進一步的支撐。

首先，它得解決經濟性的障礙，要養得起既不生育也無法自給自足的老人，這意謂著人類必須在生存資源尤其是糧食的獲取越過「由紅翻黑」的決定性界線，不僅要有所剩餘而且是穩定的、長期的、普遍的剩餘；

其次，它頂好能為老年的存在辯護，能發現老人自身的價值，這很難有生物性的理由，我們仍只能訴諸人類文明的建構。

如果說在人類文明的建構下，老年得以存在並獲得一種穩固，在今天，我們開始面對一個比較難以回答的問題：一個人要有多老，才會被認為是老者？

人類走到今天這一幕，生命的延長漸成現實。不僅如此，中年與老年之間界限的「模糊」，無論是有意的還是無意的，也在漸漸成為一種趨勢。換一種更形象的說法是，模糊地變老，模糊地老去。

我們周邊漸漸有一些人可以被描述成：「哪裡像六十多歲的老人，看起來只有四十多歲」，比如香港歌壇的那位稱自己「永遠二十五歲」的譚校長，比如看著像青春美少女的某台灣女明星，其實已近五十歲，與年輕男演員再婚之後很快生子。

也會有一些「快到八十歲的六十歲老人」，它讀上去，並不是一句故意文藝化、產生某種強烈衝突和對比的詩句。客觀年齡相同的人，漸漸可以展現不同的外觀生物年齡。在今天，實際的客觀年齡，也在一點點地與我們從前印象中這個年齡會有的「刻板印象」，產生分離，並且在多種因素的推力之下，分離得越來越遠。可以這麼說，實際年齡從外觀上，將會走上越來越「模糊」的趨勢。

與四十年前相比，我們很少將一位健康的六十五歲甚至七十歲的人，看作是「老人」。

每個時代都有一種「理想的年齡」。從前的傳統社會中，男人渴望被納入一種受人尊敬的「長者」圈子。年長者因沉穩謹慎、足智多謀而受尊重。在美國，一七七〇—一八二〇年是一個時間階段。在這個時間階段之前，美國男子甚至誇大自己的年齡，穿得使自己比實際更「老相」。在這個時間階段之後，年輕人受到讚美，人們試圖讓自己看上去比實際年齡要年輕。

現在的人們，不喜歡老。很多科技和其他條件也可以能幫人們辦到。因為營養、鍛鍊和醫學技術的合力，本應進入老年的，停留在中年，老人變成非老人。四十年前，大多數六十多歲和七十多歲的人，都被他們自己以及他人認為已經「老了」。今天，許多人直到七十多歲仍保持著「年輕」，更確切地說是某種中年狀態。當然，這種轉換的背後是有代價的。比如，保持年輕的醫療費用，後代照顧老人的任務加重。

唐諾在〈老人〉中寫道：

作為一種文明產物，老年的成立於是總是緩緩的、凌亂的、長期的，也一定得經歷一段珀涅羅珀的織布機那樣織了拆、拆了織的進退掙扎時光。

在中國，比較有趣的事發生在周代。周代的中國人「忽然」而且音量極大到有點不自然的全面談論孝道，把老人急劇的推高到一個崇隆無比的社會位置，而且不是概念的、原理的談論，是體貼的、宛如編寫照顧老人須知手冊、SOP式的談論，包括每天每時現實生活的種種細節。舉凡老人的食物不僅優先，而且還得是滋養的、鬆軟好入口的、有活絡血氣功效的；衣服要能保暖又輕柔不割人，最好當然是昂貴的絲織品；出門要乘車、要有人小心翼翼地伴隨攙扶，甚至連影子都不可以踩到；居家尤其得留心的是人最脆弱、可能一躺下去就不起來的夜間睡眠時光，因此每天晚上如送別，每天早上還先得關心問安證明沒死云云。優遇不只發生在血親家庭中，所以國君遇見老人要有禮，要懂得上前請益，要認真聆聽教訓；犯錯的老人也有種種寬容，包括律法的減刑乃至於赦免不問；更特別的是，做錯事情的國君可當面指責、可翻臉背叛，至少允許人掉頭離去棄之不顧，孔子孟子都這麼做，但對家裡冥頑不靈的老人，你什麼也不能做，什麼辦法也沒有。

從生物性及從繁衍來看，更重要的幼兒問題，並沒得到相同規格的強調，沒有一一羅列「正確」的餵養照顧方式，是不是因為幼兒的餵養照顧是自然的、長期的、人皆如此的？不像對待老人，這是人類新的、普遍經驗不足的問題，甚至在思維上仍有分歧，並未取得共識。

老年的成立，「總是緩緩的、淩亂的、長期的」。即便到了今天，我們仍需要繼續加入新的理解，這種新加入的部分，有可能是與以往截然不同的角度。

一個人要有多老，才會被認為是老者？

在今天，漸漸有一種趨勢：客觀年齡與外形年齡分離，中年與老年模糊。它背後的原因，是醫學和生物學的進步；是人們生活環境的安全、衛生和潔淨，生活品質的升高。它還與變化中的世界有關。比如，越來越盛行的「展示的技術」及「展示的文化」，以及背後的商業力量、傳播力量。

什麼是圍繞我們身邊的「展示的技術和文化」？從前的人們怎麼「展示」自己的容顏和身段？一千年前，請其時著名的畫家畫一幅肖像。一百多年前，去照相館坐好整理好頭髮拍一張照片……對自己的容顏和身段的認知，是照照鏡子之類的一個動作，與他人的觀感並無太多關係。但現在，這些都顯得頻率太低，太有形式感，與別人對自己的認知並無太多關係。

我們的生活中，開始流行的以展示為主導的文化，不僅是照照鏡子那麼「一次性」、「無痕跡」的動作。隨手一摁，手機拍照，隨時在沉溺自己的容顏和身形，隨時都在被人判斷或是自我判斷——看上去「老」還是「年輕」。無論是高度發達的美容、整容技術，還是名目繁多的身體塑型、核心肌肉訓練理論，都開始成為一種響亮的聲音。那些雜誌、電視、新媒體中展現的各種人物形象，也在高聲地彰顯著這幾個詞：活力、勻稱、皮膚好（雖然那多半是PS的功用）……這些詞的統一名字，叫做「年輕」。可能叫「顯年輕」，更準確一點。

在這樣的環境中，我們會對自己的外形，一點一點往上挪動著標尺，漸漸有著更高的要求，有著更敏感的覺察以及防護，也在其上投入更多的金錢，世界也在提供各種可以「躲避實際年齡束縛」的可能機會和實現路徑。

固然，實際年齡隨著鐘錶的分針、秒針一步步推向前，它是無情的。但我們可以欺騙時間的手段越來越多，花招和套路紛繁而至。我們會變得更有意地在「展示」上創造另一個自己，試圖留住時光，讓它停駐，「凍齡」甚至「逆齡」生長。

我們開始花更多的時間駐顏，那是一張首先見人的臉。花更多的時間駐型，身體整體外形，包括腰身、肌肉、身分各部分尺寸比例，這些都有看起來很標準的數位範圍。單是容顏或是外形，還是狹義了些。還有其他的技巧備用。它們可能是——去地球上更遠的地方——比如南極，更刺激的、超過原先設想的活動——登上珠峰，更廣闊的視野——開飛機、遊艇出海……那張可供「欺騙時間」的技巧名單，越來越長。

# 七、醫學已經進步到，再沒有人是健康的了

在現代醫生的手邊，人將以超過一萬三千多種不同的方式出問題。將會有超過六千多種的藥物，超過四千多種的治療手段。看向未來，數目還會超過這些。

是人類生來就有一種命名和分類的傾向？還是扎進科學世界，總有將一個巨大的東西分解為更精細的部分的欲望？在西醫發展史上，有一種將巨大的、不可知的分解為一個個小的、相對精確的傾向，它遠遠大於跳脫出來將一群小的歸納為一類大的傾向。現代西醫一百年，就是分解分岔生出枝葉的一百年。

如此，會有一些軟性的、不可精確捉摸的病。抑鬱症這件事，在二十年前，中國人是斷斷不以為是個病的。現在，抑鬱症掛在眾人嘴邊，已成了一個常用疾病名詞。精神分裂、疼痛、ＥＤ（勃起障礙）……都開始有了量表。在時間的滲透下和諸多力量的助力下，它們用一二十年的時間，就會成為一種疾病。多一種疾病，就會多一種診斷、多一種檢查、多一種治療、多一類病人。你我在長壽的路上，就會

頭上多一頂疾病的帽子。

應該不算什麼太大膽的想像力吧，按這樣的趨勢，配合潮湧來的網路文化及一幅幅移動電器螢幕，不用太久，會出現諸如「人工腦依賴」這樣的疾病。什麼是「人工腦」？除了人本身以外的其他電子存儲介質、智慧工具。

再稍微發揮一下想像力，二十一世紀已經過去了，在這個世紀末，可能會出現這樣的疾病，叫做：二十二世紀恐懼症。如果不是恐懼，那換成這個：二十二世紀寂寞病。並非調侃而已，翻一翻傅柯的《瘋癲與文明》。十多年前的法國巴黎「狄德羅論壇」上，一位專家如此延續傅柯的思考——其實每個歷史時代都有它自己認為充分體現其實質的、最占上風的一種瘋癲形式。十九世紀是偏執型或被迫害型妄想。二十世紀是精神分裂症。「將來必是孤獨症無疑，今天就已經初見端倪」。如下這段話，更具穿透醫療和時代的意義：

「如果十九世紀偏執症真是這麼一種人，他們以生命為證或窮盡生命來證明突然降臨到他身上的所有事物都具有嚴密的邏輯性，那麼十九世紀實際上是在不停地拷問，為什麼某些人僅僅憑幾篇演說就決定改變他的政治生活。在二十世紀，精神分裂是最具代表性的瘋癲，因為二十世紀是臆想中自命為大解放的世紀（婦女解放、人民解放、性解放、少數民族解放以及市場解放），至少是在文化領域，一個超越所有禁忌和審查制度的身分征服，因而也是在粉碎禁令和邊界之後追尋本真的世紀。」進入二十一世紀，「陶醉在符號和財產全世界自由流通所帶來的幸福的自由烏托邦裡的人們，透過近幾年謎一樣浮現，已經稱為良性瘋癲範例的孤獨症，開始探詢交流的意義何在。」

除了這些軟性的、不可精確捉摸的疾病湧現，還會有一些精細化劃分的病出現。比如肺癌。在二十世紀八九〇年代的醫學課本中，肺癌只按病理分型分為：鱗癌、腺癌、小細胞肺癌……現在，可以按分子分型劃分種類，不到十年時間，人們面對的肺癌種類會是至少以類似ALK陽性非小細胞肺癌、EGFR陽性非小細胞肺癌……至少十來種。

還將會有一些新的症候群出現，英文叫syndrome。有些時候，這些症候群的出現，似乎不是為了治療，而是為了人類某種歸類的嗜好。把一些緊密關聯的症狀放在一起，有一些是有明確起因的，有一些是起因未明或是模糊的。比如肥胖症候群……比如，因人工智慧浪潮而起的「電腦視覺症候群」（CVS）：人們長時間盯視電腦、智慧手機、電子遊戲以及數碼閱覽設備的螢幕後，引發的一系列眼部及全身的病理症狀。

看向背後的推動力量，還會有這樣的可能：因為某一醫藥界的產品出現，為了闡述它的正當性或者廣泛性，命名新的疾病，在大眾傳播界說得更「聳人聽聞」一些——製造疾病。在一本叫做《疾病發明者》的書中，列舉了如下：小孩缺乏注意力就是多動症？身強力壯的男性也需要「威而鋼」？女性更年期必須服用激素來治療？老年人骨頭退化就一定是骨質疏鬆症？

是什麼樣的力量在發明疾病，讓生命「醫療化」，讓疾病成了商業產品？醫學如何自省回望，停下商品化及世俗化的腳步？我們生命中許多正常的過程，如生老病死和不快樂，都被拿來「醫療化」，進而「商品化」。生活的每個縫隙，都被一雙醫療之眼審視、篩選、監管。

當這些數量逼近兩萬種的疾病在醫界紛飛時，它可能不是一個特別嚴重的話題。但如果想像一下，當這些疾病的名稱紛紛飄落在我們這些作為人的個體身上，五十年前一個人身上可能只有一—二種疾病，但如以兩萬種的架勢降落長壽的人身時，你我可能都難免，一人身上五—十種也許是常態。赫胥黎說：「醫學已經進步到，再沒有人是健康的了。」

這樣的境況下，我們每個人如何看待「疾病」這個標籤，「病人」這個身分？我們如何排出優先順序，管理自己的那副身體？假設這些都不是問題，我們又該如何去找醫生治療？要治療到什麼程度？可以想像，在一個兩萬種疾病的世界，醫生的分工也是更精細的，我們需要同時去找五—十種不同的醫生？

再往深處想一個問題：我們忙忙碌碌，汲汲一生，越來越長壽，但生存的終極目標是什麼？這個問題看上去更簡單，可能也更深邃。

是為了回到一個無病的身體？絕對的乾淨、整潔，如同剛降臨人世時？（但也許降臨世間的那一刻起，就已經有一些疾病加身。）

是為了一個相對可控的健康？抑鬱症、高血壓、痛風、過敏性鼻炎……手忙腳亂，到底應該先管好哪個？

是為了和這些疾病學會相處？即便病名加身，學會幾招，終日可以與之相處。哪些可以暫時放一邊，哪些是頂頂重要需處理的。

是為了一個活得更長的壽命？但——活得多長算是長，正如「永遠有多遠」一樣？

有人曾經就「製造疾病」這件事，舉過一個例子：

二十世紀初有個醫生，名叫柯諾克，是為人祛除健康的始祖。這個法國醫生創造了一個只有病患的世界：「健康的人都是病人，只是自己還不知道而已。」

他的行醫生涯，始於一個山村。當地居民個個身強體壯，根本不必看醫生。這地方原已有個貧窮老醫生，他安慰柯諾克說：「其實這裡的顧客最棒了，他們都不會來煩你。」

但柯諾克想的是，要怎樣做，才能吸引活力旺盛的居民來診所？要開什麼藥給健康的村民？他拉攏村裡的老師辦幾場演講，向村民誇大微生物的危險。他買通村裡走報消息的鼓手，公告民眾，新醫生是幫大家免費義診，義診目的是要「防堵各種疾病大幅傳播。我們這個一向健康的地區，近年來已遭各種疾病入侵」。

候診室擠滿了人。診療室裡，沒病沒痛的村民被柯諾克診斷出大病大症，還被再三叮嚀要來定期診治。藥局老闆成了有錢人，開餐館的也大發利市，因為店面都成了急診室，隨時爆滿。每到晚上，柯諾克環顧村中一片燈海：兩百五十間病房燈火通明，每間都備有一支體溫計，根據醫囑，每到十點就塞進病患體內。「整片燈火幾乎是我的天下，」柯諾克雀躍不已，「沒病的人沉睡在一片黑暗裡；他們一點都不重要。」

一九二三年，這齣由法國作家瑜勒．羅曼（Jules Ronains）寫的三幕劇《柯諾克或醫學的勝利》在巴黎首演，接下來四年，共上演一千三百場，後來又拍成電影。今天，讓病房燈火通明的不是鄉下的柯諾克醫生，而是幾股更大的力量。

長壽固然帶給我們希望，與此同時，現代化也在改變著長壽這一路的風景和內涵。現代化和長壽這兩件事的合力之一，是改變了疾病對我們生活的影響。疾病種類如此繁多，醫學已經進步到，再沒有人是健康的了。眾多的醫學資料和指標對人們來說，已經不是提醒，而是災難。「生命中許多正常的過程，如生、老、性、死和不快樂，都可以拿來醫療化」，進而商品化。越來越多的「疾病製造」，把生命正常過程當作醫療問題，把個人問題和社交問題當作醫療問題，把致病風險當作疾病，把罕見疾病當作四處蔓延的流行病，把輕微症狀當作重病前兆。

除了這些，「現代化」一詞，還包括一些嶄新的運轉方式，比如手機、電腦的普及，比如商業運轉的新法則，比如大眾人群傳播有效性的法則……

生活在「現代化」和「長壽」兩件事影響下的我們，面對有可能更長的人生後半段，將會面臨這樣的問題：

——生命線的延長，究竟意味著我們接下來會面對什麼？

——我們需要準備什麼，從大腦上，從身體上，從行為上，以迎接不斷變長的人生後半段？

畢竟，它是人生的後半段，是一個精力總體走向衰退的階段，是一個生殖力、生產力、好奇心總體走向下落、衰退的階段，是一個越來越需要與周邊人群和環境融合、漸漸趨於收斂、甚至進而不得已被隔絕而非像年輕人去開闊闖蕩的階段。

唐諾說得真的太有意味了：老年的成立，「總是緩緩的、凌亂的、長期的」，得經歷「織了拆、拆了織的進退掙扎時光」。我們現在面臨的這些問題，是另一種人類新的、普遍經驗不足的問題，甚至在思維上仍有分歧並未取得共識。

它可能超過：我們兒時「長大了想成為什麼」，年輕時「我應該選擇一個什麼樣的職業發展方向」，戀愛時「我應該去尋找一位什麼樣的人生伴侶？」……這些問題。

因為生命線的延長，帶來更長的人生階段。老年——雖然不得已，我們還是先按現行的無聊的「退休年齡」（六十五歲）劃分——將分為「上半場」和「下半場」。我也看到過有日本人將他們面前已然很長的老年分為：早期老年、中期老年、後期老年、終期老年、末期老年。（真不愧是衝在最前面的長壽之國！）正規的來自世界衛生組織的定義是，六十五歲後進入老年，六十五歲至七十四歲是青年老年，七十五歲至九十歲老老年，九十歲以上是長壽老人。據說有一個研究，調查了兩千多個丹麥老人。在九十二到一百歲之間，可以獨立生活、購物、做飯和洗澡的人數，仍占33%。

隨著生命線的延長，在老年的上半場，因為醫療手段的發展、文化中普遍推崇的身體觀，電腦、手機等帶有螢幕的智慧媒介導致的傳播方式變化，背後的商業經濟力量的推動，使得老年的概念發生「模糊」。中年與老年的界限，也漸漸變得模糊。中年被按照個人的意願盡可能被一再延長，老年盡可能被一再拒絕、一再模糊——即便客觀年齡已經進入老年。人們不會過分地談論自己的「客觀年齡」，會一再試圖模糊它。即便談起，也是大部分基於這樣的意圖：「你說我看起來四十多歲，其實，告訴你吧，我六十七歲了。」它背後隱藏的意義，仍然是模糊中年與老年的界線。如果此時說話者是一位女性，她其實心知肚明，自己已然絕經了，已然在生殖的這個自然界大需求上，被無情地刪除上下文了。

因為醫療手段的發展、文化中普遍推崇的身體觀，在對外觀的追求、相對旺盛的精力與背後不可避免的衰退的夾縫之間，一種展示為先的文化會越來越盛行。但我們，總有一些獨自的或是清冷的瞬間。

我們一邊努力維持著自己的外形，一邊頂著越來越多疾病的帽子。五十年前一個人可能只有一兩種疾病，但在我們的人生後半段，一人身上五—十種也許是常態。我們如何看待「疾病」這個標籤，「病人」這個身分？如何排出優先順序，管理自己的身體？又該如何去找醫生治療？要治療到什麼程度？需要去鍛鍊一些新技能。比如，頂著六—八種疾病的帽子，像五百年前的人們那樣，繼續自認「健康」地生活。而不是，坐等一些和醫療有關的控制力量定義我們的健康與否。鑒別哪些疾病是可以控制的，哪些是可以共處的，哪些是作為人的缺陷、人的共性，可能就會具有的。（比如：你是不是偶爾覺得倦怠、心情不好或凡事提不起興趣？注意力難以集中？是不是很害羞？）

還有一些獨自的或是清冷的瞬間。我們需要重新看待自己的價值。老人的價值，跟隨世界而變化。我們將如何在社會種種年齡層次之中自處？與他人共處時，如何獲得或展現老年存在的某種價值——從外形，到真正的文明的價值，到處於社會關係中的價值，後代看待的價值？它會面臨一些並非「小小的」尷尬。

之前由電視主導、後來讓位給電腦、進而讓位給手機的「圖像世界、展示文化」，通過網路連接放大，人們越來越崇尚「展示」，所見即事實。因為電腦、手機等媒介導致的傳播方式，使得老年曾經舉足輕重的知識、經驗及「時間見證人」的價值越來越小。

今天的資訊，以何種形式編碼？今天的智慧，以何種形式編碼？現在的形式是跨界整合、深度學習，再不是基於某種經驗的並不可靠的概念提取。再說，概念需要語言表達，現在是圖像世界。

因為世界日新月異、網路將資訊變得公開加扁平，擁抱越多所得越多，智慧傳播媒介將一切曾經非親聆老人口述不得的「奧秘」和「秘密」公開，年輕人將掌握更多的知識和方法，甚至反過來教導老人。知識、經驗、智慧的獲取方式在變，年老者的價值一日日貶低。曾經的「時間的老夥伴」身分，將不再被需要。

長壽帶來希望，現代化同時也改變著長壽這一路的風景。一方面，外觀不可阻止地衰落，另一面，文明價值不可阻擋地貶值，老年人開始傾向於成為非老年，傾向於模糊老年，努力向「更廣闊的中年」傾斜。他們會在自我認知上形成否定，甚至近乎媚俗地向那個叫做中年的概念靠攏，並一廂情願地勵志。同時，回首一望，腳下又缺少足夠的「載體」支撐。這些載體是指：代表「家庭緣」的家族關係、家庭結構，它其實日趨縮小，代表「職業源」的事業平台，它其實更需要人們能隨時更新技能和思維。

進而，在某種深藏的焦慮驅使之下，人們過度地相信美容、醫療、抗衰老技術，以展示絕對正確的「強壯、潔淨、繁殖的」身體觀。人們會在與此有關的帳目上，過度消費、對不管是真科學還是偽科學傾向於過度輕信，同時也無法整體解讀。

我們變得過早地開始焦慮，焦慮落伍，焦慮變老。在這種深藏的焦慮驅使下，我們有著仿若年輕的容貌，希望拉近與年輕人的距離，希望融入主流話語和新鮮話語，「我的膝蓋，留給九十年後」。

唐諾有一個問題，其實不只適用於小說：「究竟是真的沒有好的老年小說，還是只因為我們一直用年輕的判準，年輕人的感受、思維和期待去讀它們，評價它們？」

想像一下，是在老年的上半場，最終形成了外形展示、身體觀、老年價值的跌落，這三者之間產生的張力。「生物學的老人」努力維持外形，與幾種疾病共處，擠入中年。

如此，產生落差更大的「老年的下半場」。

生命線的延長，無論是有品質的延長，還是先進醫療手段導致的被動的生存時日延長，我們「老年的下半場」會難逃宿命。一個被花樣越來越多的「疾病製造」圍繞、先進醫療手段維持生存、嚴重依賴社會養老配套的老年下半場。只是，一些要求更高的問題，比如生存品質、生存尊嚴、自主獨立的問題……尚無答案。對失去個人獨立性的恐懼感，對自身越來越依賴他人的焦慮，將會困擾老年的下半場。日趨流行的個體獨立文化，努力留住年輕的老年上半場，使得有一天當我們無法自理時，屈辱感便會產生。

我們還需要更多地去理解已被醫學化的「老、病、死」。所有這一切的第一步，我們需要準備面對更多疾病、藥物、治療及養生的知識理解方式。不是簡單如父輩，只是面對電視，聆聽一場又一場的支離破碎的健康養生堂之類的知識灌輸。

「第一流智慧的考驗，就是有能力同時在心中持有兩種相衝突的觀點，並且仍然能夠保有發揮作用的能力。」但在自己能活多久這個問題面前，一直以來，我們都是頭腦簡單的。對烏托邦式科學的夢想，包治百病的萬靈藥，是在腦海中揮之不去的一個念頭。在太陽的照耀之下，我們夢想著永不老去的身體和烏托邦式的經濟，傾心於相信從字面看來必將破滅的時尚。我們將精神的、解剖的和經濟的建議混合在一起，將智慧文獻和醫學文獻混合在一起。

是的，不論君王，或是惡人，所有以自己的方式熱愛生活的人，都希望能夠長生不老。

不妨就從這裡起步，進入第二章。

第二章

# 那些養生派焦慮分子

在跨過三十五歲之後，分離成為兩大陣營：一部分人在抄經，一部分人在跑步。有人概括了新中產三大寶，也可以稱為中年危機三大寶：抄經，跑步，吃素。

笛卡兒的頭髮在四十一歲變白，這時，他開始從抽象哲學，轉向追求青春永駐。

他寫道：「我們能免於無窮無盡的肉體與心靈的疾病，甚至能免於衰老，倘若我們對其原因有足夠了解。」他認為自己發現了那條路。但在一個嚴冬去造訪瑞典的路上，他感冒了，然後病逝，其時五十四歲。

類似的，培根認為：我們應該有一個大規模的試驗計畫，去找尋延長生命的秘密，這一計畫應當是學問進步的典範與頂峰。「希望就像一種歡樂的箔片，跟金箔一樣，可以把表面延伸得極為寬廣。」在培根看來，征服衰老，可能在時間的流逝中得到解決，雖然不可能在一個人的有生之年內完成。

在一部寫於一六〇〇年代末的培根傳記中寫道，培根與國王的御醫蘇格蘭人特伯恩醫生「坐在四輪馬車裡向海格特山進發時，看到雪積在地面上，然後我們的動爵（培根）突然想到，為什麼肉體不能與在鹽裡保存一樣，在雪中得到保存呢。他們倆決定應該現在就做個實驗看看。他們下了車，到海洛特山腳的一個窮女人那裡買了隻母雞，然後叫那個女人把雞肚子掏空，他們把雪塞進去，並且我們的動爵（培根）可是親自動手做的。」培根在雪中受涼病倒，三天後去世。

現在的人們能活到八十歲，得益於醫學知識的每一次進展，從最基礎的解剖學發現到培根所謂的「通道的知識」。但是追求長壽的這條路，曖昧、悠長，真假難辨，林林總總混雜交錯在一起。

## 一、復壯手術，讓葉慈成為「腺體老人」

我有一個朋友對徐福的故事很感興趣。他是從一次日本的旅行談起的，在一次義大利餐廳的晚餐中，他們夫婦給我看在日本和歌山縣拍的一張徐福公園的照片。公園入口是一座中國式的牌坊，裡面有徐福墓。他說起，他自己在二十多年前，就已經對徐福的故事感興趣了。他越研究越發現，徐福並不只是我們知道的那點傳說。他還說，大部分關於徐福的資料，其實是在日本的各種檔案館，用日文記載，所以他打算學習日文。

徐福是誰？估計不少知道些歷史的中國人，都會知道。徐福曾告訴秦始皇有長生不老藥，山東半島渤海灣有三座仙山，蓬萊、方丈、瀛洲，各有三位仙人……最終的結果是，秦始皇派徐福，帶著三千童男童女漂到了日本。

但在這背後，可能還有另外一個故事版本，徐福東渡的目的，是讓原來的齊國王室躲開秦朝的統治，在海外重新建立齊國。現在的日本天皇家族，可能就是原來齊國的田氏王族。這也是我那位朋友翻閱一些日本資料猜測的。我們那頓晚餐的談話，於是變得有趣起來，甚至我產生了一些類似卡爾維諾寫法的文學畫面……

關於徐福帶著三千童男童女東渡，那確實已經是兩千多年前的事情了。就大多的民眾知曉度來看，秦始皇追求長生不老的名聲先從徐福這個故事開始。秦始皇對長生不老的追求熱忱，也幾乎可排為中國歷史第一名。但其實，漢武帝可能比他還甚。他甚至修建了宏偉工程，「銅仙承露盤」，以盛接天地精華……

一直以來，尋找長生不老藥、仙丹的傳說故事，一齣接一齣，不論中外。在西方，先是煉金術士、後來是追求長生的手術，也一樣名目繁多。在每個時代，那些宣稱能讓身體返老還童的江湖騙子，不乏其人。你可以叫它「長生不老藥」，你也可以用如今的語言，叫它「抗衰老劑」。

回望曾經的這些，或許荒誕。但看看眼前，同樣為了駐顏和健身不懈努力的人群，聽一則「抗衰老」廣告就購買甚至預訂一場去瑞士某豪華抗衰老中心的人們，其實並無本質不同。這麼多年來，無論是古老的奇技淫巧，還是今天突破的醫療技術，它們的背後，都是人類一直以來永恆的恐懼——衰老和死亡。

一百多年前，一位著名的大學正牌教授，布朗．塞加爾（Brown Sequard, 1817-1894），他其實也會在一本藥劑學雜誌上，為一種「長生不老藥」做大幅廣告。

他最有名的一次演講，是在一八八九年六月一日的巴黎，題目是〈皮下注射新鮮豚鼠與狗睪丸提取液對男人所產生的影響〉。除了台下大部分人的哄笑，觀眾中也確實有少數的一些人，認為自己目擊了後來被稱為內分泌學激素研究這門新興學科的誕生。

演講人布朗．塞加爾是正正規規哈佛大學的一位神經系統病理學教授，「復壯」（rejuvenate）一詞的創造者。他為自己注射了小狗與豚鼠睪丸的提取物。當時七十二歲的他，看上去要年輕至少二十歲，不僅外貌顯年輕，他還宣稱這種注射，恢復了年輕時的性功能。

一些醫生會懷疑這篇有名的生殖論文，擔憂它可能讓醫學變得聲名狼藉。也有不少人，直率地嘲笑這位白髮駝背的老人給自己服長生不老藥的場面。其時的社會環境是，傳染病仍在嬰兒與兒童中造成重大傷亡，大家的主要注意力還是集中在那些侵襲青春期的傳染病，而不是保護老人和虛弱的人。

但到了這一年秋天，事情開始發生變化，布朗．塞加爾開始收到百餘封信件，祝賀他的成功，並懇求獲得他的器官提取物試驗樣品。不少醫生從報紙上獲悉這一演講的內容，關於睾丸提取物的非凡功效。同樣讀報的病人們，開始要求為他們施行這種奇蹟般的療法。第二年，一千兩百名內科醫師給病人使用了這種長生不老藥。性器官提取物的新科學，開始變得迷人起來。布朗．塞加爾成為了「內分泌理論」的鼓吹者，他猜測一些有效力的化學物質（後來稱之為激素）存在於大部分器官中。

一九二〇年，另一位奧地利教授登場，出版了復壯的書，並開始提供相關手術——輸精管切除術。那些切除了輸精管的人，據說都有一個專有名詞，「斯坦納赫」化了。因為這位教授的名字叫歐根．斯坦納赫（Eugen Steinach）。

斯泰納赫在他的實驗室裡證實了——輸精管切除術後的老年大叔，顯得更年輕和更健壯。那一年，《美國科學月刊》上的一篇文章說：「似乎科學的魔手已經找到了長生不老之藥……」文中描述那些「斯坦納赫化」的老人們，「不僅看上去更加青春、活力，而且感覺到自己的力量與血氣在增加，抖動的雙手變得穩定，蹣跚虛弱的步伐變得有力，衰退的男性自覺與勁頭又獲得了活力。」這一年，一百多位維也納大學教授施行了這一手術，佛洛伊德也在其中。

十幾年後，六十九歲的愛爾蘭詩人葉慈，也施行了這一手術，據說從此恢復了體力和創造力。在都柏林，人們叫葉慈為「腺體老人」。他在死前一個月寫道：「我很高興，我覺得自己有充足活力，那正是我過去所渴求的活力。」

「死亡拽著我的耳朵說，生命——我來了。」這是葉慈在六十歲出頭時寫的低沉詩句。直到他七十三歲去世之前，老年一直是葉慈的詩歌主題。但詩歌的調子，帶上了挑戰性甚至某種勝利意味。

著名內科專家奧斯特勒（William Osler）有句名言「一個人與他的動脈同歲」，斯泰納赫將它改寫為「我們與我們的腺體同歲」。他認為：「為每個五十歲男人施行輸精管結紮術，或者進行有相同作用的其他治療方法的這一天即將到來，正如今天每個兒童都可接種牛痘以預防天花。」斯泰納赫的聲望促進了這一手術的傳播，他也因為復壯手術多次被提名諾貝爾獎。

也有一些外科醫生開始嘗試睪丸移植，法國一位叫沃羅諾夫的外科醫生，成為了後來歐洲睪丸移植領域的領頭人。有人請他「復壯一頭老年獲獎公牛」，因為從法國進口一頭替代種牛的費用昂貴。在美國，對應的人物則是：芝加哥一家醫院的外科主任托雷克。他倆同為「猴腺體運動」的先鋒。當時美國記者被禁止在出版物中使用「睪丸」一詞，用腺體代替。

在一些男人憂慮性機能和身體外觀時，腺體移植給他們帶來了希望。但這種治療，只維持了三四十年的時間而已。

之後，因在移植免疫學上的貢獻而獲諾貝爾獎的彼得．梅達沃（Peter Medawar）出現了。那些復壯者們違背了免疫學的基本原理。由動物到人、由人到人的腺體移植，最多在一—二週內死亡，重複移植死亡得更快。移植物在退化前通過分泌激素所產生的短期效應，也是無法證實的。睪丸僅僅儲存一個正常男人每天需要睪酮量的1%，睪酮必須由一個健康人的睪丸不間斷地產生。

到了二十世紀三〇年代，腺體移植者們歇業了。這種手術不僅僅沒有價值，而且也許有害。但就像兩千多年來每一次尋求長生的嘗試或是騙局，它只是在這種形式上消亡了，還會以其他的形式再次出現。

## 二、秘方，連內衣的穿法都包括其中

在中國，《西遊記》中的各路妖精，使盡渾身解數，只為吃一口唐僧肉，以求「長生不老」。

在古羅馬的街道和市場，有人在叫賣用於治療各種神經病、促進性欲的山羊和狼睾丸製劑。

世界各地都曾流傳過奇技淫巧，追求著「長生不老」。雄性器官在中西文化的藥學論著中反覆出現。動物的睾丸，被推薦用於增強力量，改善生殖力和男子氣概，克服年長者的虛弱。

據說，卡利古拉和尼祿曾使用「情人水」，可在縱情聲色時獲得較強的持久力。羅馬尼祿時代，一位古羅馬作家在《薩蒂利孔》（*Satyricon*）一書中記載了男人接受治療陽痿的經過——女巫師把胡椒粉、蕁麻籽和油的混合物塗在男性的大腿上，用水芹和神樹的汁液清洗他們的身體，用新鮮的蕁麻抽打肚臍以下的身體部位。另外一位古羅馬作家老普林尼（Pliry the Elder），曾記錄過當時的一些秘方：煮沸的烏鴉或貓頭鷹腦用於治療頭痛，驢肝用於肝痛，野兔腎用於腎痛，男人食用動物睪丸以戰勝陽痿，野兔的生殖器是幫助婦女懷孕的極佳之物。

培根多次呼籲探索長生，「我們的醫學，都是關於治療疾病的，」他說：「至於有關長生的東西，只有一點提到，並且是順帶提到。」為什麼不能擁有與長生有關的醫學呢？培根列舉了長生的秘法：其配方有天仙子、茄參、毒芹、菸草、茄類，以及拳參。《生與死的歷史》，是各種秘方的大雜燴，就像其時與今天一直存在的許許多多的「永生指南」類書籍。甚至內衣的穿法也有建議：「有些人說他們發現一種對於健康有益的方法，即穿上貼身的紅背心，穿在襯衣下面，下半身也這麼穿。」還有，把黃金摻在酒裡，喝下黃金，就可以像其一樣不朽。珍珠或翡翠，磨成粉狀，然後摻入由四個新鮮檸檬榨出的果汁中……

在西方科學家推測性激素可能存在時，中國人早就從尿液中提取的半純化的雌激素來對病人進行治療，認為可以恢復生育力，延年益壽。大約在西元二〇〇年前有三位方士，「率能行容成御婦人術，或飲小便，或自倒懸，愛嗇精氣，不極視大言……凡此數人，皆百餘歲及二百歲也」。提取尿液的方法，比布朗·塞加爾提取睪丸的方法要更複雜，更易成功。

明朝的中國人，也用過懷孕母馬的尿液和人胎盤，這些是雌激素豐富的來源。服用人胎盤，被認為能強身健體，甚至抗衰老。民間有吃胎盤大補的說法，中醫也用人胎盤入藥，名為「紫河車」。古人認為胎兒坐著胎盤這輛小車，跨過「天地」「陰陽」「乾坤」之界降臨人世，胎盤焙乾後入藥，呈紫色，所以稱為「紫河車」。功效是補腎益精、益氣養血。

如今在瑞士，則有可以與豪華旅遊一起完成的抗衰老治療，其中的大秘密是：羊胚胎素的活細胞療法。它其實起自於另一類型的復壯。

在當年西方腺體移植的大軍在二十世紀三〇年代沒落時，另一個復壯者的聲望在上升。瑞士醫生保羅·尼翰斯（Paul Niehans）吸引世界上一些富翁與名流，到他開設在瑞士的高級診所。據傳，他的病人包括毛姆及溫莎公爵夫人，真真假假。一九三五年，在應邀為患病的教皇治病後，他的聲名到達頂峰。他用了「斯泰納赫手術」之後，效果並不滿意。他琢磨需要有新療法來解決老問題，於是發明了「細胞療法」，用胚胎或年輕細胞產生的更多細胞，為人體注入活力。他為那些希望抗衰老的人們，注射來自綿羊胚胎的細胞。如今仍然有人前往瑞士的抗衰老中心，其中有不少中國富人。

「對於在瑞士用羊胚胎素這個產品的人來說，一次性三十萬—五十萬元人民幣不算什麼開銷。女性買一個名牌限量版本的包，男性換一輛豪車，價格也遠大於這個。但是這種健康產品有三—五年的保障時間，三—五年後可以再注射一次。」一則在中國的廣告，這麼推銷。

打開網頁，看到關於瑞士眾多的抗衰老機構的介紹，一般都離不開「細胞活化治療法，減緩甚至逆轉人體自然衰老」。一般也都離不開這樣的故事：

一九三一年，瑞士醫生保羅．尼翰斯首次將從小羊胚胎中提取的一種鮮活細胞，注射到一名甲狀旁腺受損的臨危病人體內，挽救了其生命，後來這位病人於一九六二年仙逝，享年八十九歲。這是羊胚胎素細胞活化療法的最初起源。

一九一二年，瑞士科學家卡爾教授首次發現羊胚胎細胞中有一種能使細胞恢復活力的物質。「生物細胞分裂的次數，與壽命成正比。比如，海豚的細胞分裂次數是八十次，它的平均壽命則可達一百五十歲。人體衰老的原因，是肌體生命最基本的組成單位——細胞出現了衰變。」隨著年齡的增長，細胞再生的分裂漸漸變慢，積聚的老化細胞使器官機能下降，發生老化甚至病變，人於是衰老。

卡爾教授在羊胚胎中發現的這種活性物質，叫做「羊胚胎素」，可以促使細胞分裂次數的增加，能迫使已衰退、老化的細胞重新活化或被淘汰，使機能衰退的器官恢復活力。

如下是一則關於這些抗衰老中心使用的產品介紹，不厭其煩地描述「提純」過程，強調最後使用的是精華的「精華」：

> 從生長在海拔四千公尺以上的阿爾卑斯高山黑綿羊母體內約五個月的小羊胚胎中，提取含有特別豐富活性物質的細胞，科研人員利用最新生化設備和技術提純的精華，將提取的活性物質用尖端的離心設備進行反覆分離再提取，不斷將雜質及不良蛋白質甩出，最終只有單一的物質予以保留，這就是羊胚胎活細胞，此外再經過巴斯德滅菌法處理，在無菌環境下將羊胚胎素濃縮後抽入注射器，才能有資格被命名為羊胎素。

……

以上是摘選自這些瑞士抗衰老中心的廣告用語，大同小異。有人非常辛辣地說過這樣一句話：江湖醫生對衰老的治療從來沒有廉價過。實際上，它們是昂貴的，甚至是非常昂貴的。

那些質疑將人力物力用於探索生物學之深遠的人說對了——全世界兒童的接種，是具有較高的優先權，但老年醫學仍優於三叉戟潛艇。一些人會為他們的遺體冷藏支付十五萬美元，期望若干年後獲得新生。那似乎表明了，幾千年來，願意為活得更久付錢並上當的人們，永遠都會有。

## 三、我們願意相信那些人瑞故事

除了一直在追尋抗衰老的神藥、秘方，我們還常常願意相信一些關於特別長壽的動人故事。

「最長的壽命」，對於我們每個人，其實是個無用的信息。它是群體中的個別現象，不是大多數個體可以得到的。即便如此，作為芸芸眾生中的一分子，我們總是一廂情願地相信那些人瑞故事。人瑞，是指年紀一百歲以上的人。

英國的西敏寺，埋葬著英國許多著名的詩人、藝術家、科學家和政治家，這裡，也躺著一位普通人——湯瑪士．帕爾先生。一個農夫的僕人。他之所以能埋在此地，是因為他騙過了當時的英國人，以為他活了一百五十歲。

他編出長壽謊言，被國王徵召到宮廷來，做一個活展覽品，像奇珍異寶一樣供人參觀。民眾蜂擁至查理一世的宮廷中去看老帕爾，但他感染了風寒，很快病逝，葬於西敏寺。他死後，遺體由當時有名的醫生威廉．哈威（William Harvery）操刀解剖。在解剖報告中寫到，帕爾的內臟看起來不像是活了這麼久的人的器官。

假如當時的人有一點疑心，就會看出破綻。因為有關他年齡的唯一證據是——他自己說他是何時出生，以及他看起來非常的老。他如此編造自己的生平：他一直獨身到八十歲，一百二十歲時結第二次婚還生了一個小孩，他一直在田裡工作到一百三十歲……這個埋在西敏寺的湯瑪士．帕爾可能是那個生在一四八三年的湯瑪士．帕爾的兒子或孫子。他過世時確實是個老人，但可能是七八十歲的老人，而不是一百五十歲的人瑞。

那時的人們是多麼容易被騙，也許是因為迫切希望找到長壽的方法，找到通向長壽的道路。活在現代的人們，可能認為自己不會那麼好騙。其實不然。

美國的《生活》（*Life*）雜誌在一九六六年有篇文章，報導高加索山的喬治亞人，說那裡的人一般來說都活到一百歲。村莊裡最老的人，說他當時是一百六十一歲，他跟現在的太太結婚時是一百一十歲，他一百一十歲時看起來仍然很健康，很有精力，不過報導中並未提及他是否有孩子。此人在報導刊出來後六年過世。同樣的故事，在厄瓜多爾和巴基斯坦都曾出現。

二十世紀的美國，有一陣子，報導「特別長壽的人」成了熱門，它也成了那些窮鄉僻壤地方的「家庭工業」，等待著新聞記者去發現。

一九七九年十月的美國報紙，報導一個叫查理．史密斯（Charles Smith）的人，他說自己在一八五四年被當作奴隸販賣到美國來。他在一百三十七歲死亡，被金氏世界紀錄登記為有史以來活得最長的人。死前，他上電視大談長壽秘訣。但他一死，長壽神話就被推翻，因為一張他在一九一〇年登記的結婚證書被公布出來了，上面的年齡是三十五歲。事實上，他死時應該是一百零四歲，是很長，但不是吹噓的那麼長。

假如刻薄一點說，活到一百歲以上是有秘訣的話，那大概就是：你要生在一個文化水準很低的國家，文盲越多越好，或是一個文件保存很馬虎的國家，再不然就是要生在像一個很容易受騙的社會裡。

在《揭開老化之謎》這本書中，列舉了世界上三個遺世獨立的地區，它們是：高加索山區、喀拉昆侖山區、安第斯山的北區。它們都曾被認為是香格里拉、世外桃源的代名詞。在那裡，活到一百歲以上是很平常的事。它們的共同點是，斯巴達式的農作方式、體力勞動量很大、相互支援的社交網絡，以及很差的出生紀錄。也都曾有科學家去一一探訪過，因為他們都很想找出長壽的原因。

高加索山區，是據稱最長壽人瑞居住的地方。當地的飲食包括很多的肉、乳品、酒和甜食。這個區域曾飽受戰爭、遷徙之苦，特別是十九世紀的後半期，也就是這些百年人瑞出生的那個時期。即使是這個時期本來應該有的最粗糙教堂紀錄，這裡也沒有。一直到一九三二年才開始規定要有身分證。在一九三二年前那些出生者的生日，都是在面談時他們自己說的。

第二個，喀拉昆侖山區，在巴基斯坦。有個邊界的小村叫韓沙（Hunza）。最早的報告是說很多韓沙男人都活到一百二十——一百四十歲。後來的說法，比較沒那麼誇張，一百一十歲。自從一九二〇年以後，有關韓沙男人的長壽的事，就開始報導。一位探險家在一九五七年訪問過，報導了他們不尋常的長壽。一九七〇年，一位電視節目主持人出資組織了探險隊，去韓沙地區研究他們的生活習慣。他們的長壽被歸因為：充分的運動量，耕田用的是處理過的牛羊糞，蔬菜為主食，小孩都是餵母乳，甚至山上飄下的岩石灰塵落到田間的莊稼上都有一席之地。一位醫生甚至宣稱，以韓沙的飲食方式餵食的老鼠，比別的老鼠少生病，比餵白麵包、甜茶、罐頭肉這類「英國式飲食」的老鼠更快樂。韓沙人沒有任何文件來證明自己的真實年齡。他們沒有書寫文字，外界得知的每件事，都是來自他們首領嘴裡。在當地，只有老人才能進入長者諮詢會，在重要事情上參與建議。年齡可以口說為憑。

第三個，安第斯山的北區。亞歷山大・利夫（Dr. Alexander Leaf）這位哈佛大學醫學院教授、麻省總醫院的醫生，在一九七〇年訪問過這個地方。他看到的是，除了斯巴達式的耕種方法，這些地區其實生存條件惡劣：「骯髒的衛生環境、傳染病盛行、高的嬰兒死亡率、文盲、缺乏現代醫療照顧。」

後來不斷有科學家去厄瓜多爾南部的安第斯山村落。一位倫敦醫學院的老年學家在二十世紀七〇年代初去過這個村莊，他的書《安第斯山的百歲老人》把安第斯山人的長壽歸因為——老人的樂觀態度，土壤裡有豐富的礦物如金、鎂、鎘。

真相後來被發現了，這裡的居民彼此通婚，同樣的幾個名字一用再用，假如一個孩子死了，下次他的弟弟出生時就用他的名字。一位放射線專家和一位人類學家，決心把這件事弄個水落石出，他們檢查居民的骨骼情況，挨家挨戶做人口調查，發現那些有可靠證件來證明自己年齡的人，骨骼衰退的情形，與同齡美國人差不多。

等亞歷山大・利夫醫生第二次造訪這些村落時，他似乎明白了為什麼這些人要不斷浮報年齡。他發現原來的石子路鋪成了柏油路，州長和當地居民全體出動歡迎他，稱他為拯救當地經濟的英雄。因為他此前在《國家地理雜誌》、《科學美國人》和《今日營養》雜誌上所寫的文章，引起了大家對這個地區的注意。州長稱這個村為「我們的油井」。

即使在一九七八年，這些關於長壽的人瑞神話，已經在科學圈中被拆穿了，還有日本的投資者與當地政府接洽，要在當地蓋高級觀光旅館。一些商人也在動腦筋，要把那裡的水運回去作礦泉水賣。

再舉一例，一九九〇年三月《華爾街日報》的一條新聞，廣西壯族自治區某地方發現了一個村落，九十歲的老人稀鬆平常，八十歲的滿街跑。在這則新聞的最後，它提到這些百歲老人大多為瑤人，居住在中國南部山區與泰國越南交界的地方，外人不易到達。

聽起來，似乎有些耳熟？但人們仍然會相信。

與十七世紀相信老湯瑪士．帕爾的英國紳士們相比，我們其實沒有什麼不同。我們仍然會相信與之關聯的長壽夢想。

## 四、所吃之物，與八百萬種跑法

無論是否期待自己生命永恆，或任何延壽之物，我們大多數會按自己理解的方式，盡力去做那個照顧自己身體的人。當關係到我們的健康時，大部分人都會找些辦法，壘成自己的一套養生體系之牆，進而相信這些。

「我傾向於這樣想，」笛卡兒給一個朋友寫信，「現在與年輕時代相比，我離死亡越來越遠。」他告訴一個來訪的英國哲學家，儘管他不能承諾使一個人長生不老……但他非常確信，將一個人的壽命延長到與祖先一樣是有可能的。一六四七年，笛卡兒去巴黎探訪年輕的朋友，發現此人正臥病在床。笛卡兒囑咐了什麼呢？——待在床上，好好休息，多喝湯。

笛卡兒認為自己對身體瞭若指掌，「但即便如此，我知道的仍不充分，仍不能去治癒哪怕一次發燒。」

麻省理工學院的倫納德·瓜恩特（Leonard Guarente），他的實驗室團隊在葡萄與紅酒中，發現了一種叫做白藜蘆醇（芪三酚）的物質，可能具有抗衰老作用。他自己在家中，會服用多種維生素製劑，以及小劑量的阿斯匹靈。他自己並沒有服用白藜蘆醇——他自己的瓜恩特實驗室在紅酒中發現的物質。很多網站，卻將白藜蘆醇作為一種延長壽命的補品來兜售。我們聽聽瓜恩特本人怎麼說的。如果這種物質被證明對我們有效果，如果安全的劑量被探索出來，並且你可以在藥店裡買到它們時，他說他會考慮在每天服用的藥品中添加白藜蘆醇。

二〇一一年，一篇系統綜述文章由二十一位科學家聯合署名，這麼說：目前所有發表的論文和證據，都不足以建議人們去服用白藜蘆醇。

美國一位醫生在長篇分析完白藜蘆醇的目前研究進展之後，他的最後一句話是：我的建議是忽略那些圍繞在白藜蘆醇周圍的天花亂墜的廣告宣傳，不如去注意平衡飲食，保證足量的水果和蔬菜。

「抗氧化劑，等等——沒有什麼效果。」倫納德．瓜恩特告訴他的朋友，「這是最好的、也最為簡單的說法。至今為止，沒有藥物可以證明能使你活得更長。有本事你說出一種來。」我理解他所說的，其實是所謂發表的那些層出不窮的抗衰老方法，大部分只是在實驗室裡、在非人體的模型裡的基礎研究結果。但我們接觸的媒體報導和廣告裡，可並不這麼說。

我們為健康所做的一切努力，確實會影響到壽命。基因是很重要，後天行為對我們也意味著很多。但幾番折騰後，一般說來我們該做的，就是數百年來已經知道的那幾條。大意類似於：仔細聽完那些長生不老者的話，然後回家，給你自己燉一碗好湯，洗洗睡了。類似的道理，在一篇關於幹細胞最新研究的長篇評論文章的最後，結論是：「最好的建議仍然是適量飲食，適量運動。」

要想活得更長，那就堅持長時間以來那些屢試不爽的養生之道。但上面這些話，聽起來太簡單了，並不能擋住人們尋求新花樣的熱情，雖然——其實走在老路上。

如同之前一些發達國家走過的路，我們會發現身邊越來越多的人，跨越了如何才能吃一頓飽飯的階段，開始對「如何吃飯」產生了興趣。除了講究色、香、味、情調的精緻美食主義，「舌尖上的中國」催化的接地氣美食主義，另一種「一切為健康」的飲食門派開始流行：素食主義、有機食品、天然食品、維生素……一個龐大的養生派焦慮分子群體，正醞釀著一場「增壽的文藝復興運動」。

我曾見一位台灣朋友將一天要吃的各種維生素片、鈣片、魚油……按三頓分裝進小盒，隨身攜帶，每次餐後吞服，其表情的飽撐感，幾乎可以抵一頓飯量。在日本，也看到過類似的景象。

素食主義越來越多。那些有著翠綠葉子、新鮮泥土、腿上沾著泥巴的農人素樸的笑……的大幅廣告開始流行。我們的廚房冰箱裡，開始塞進那些來自郊區某農場、有機肥料栽培的食物，上面有一張樸實農民在田間的正臉照片和農場編號。各種維生素藥片、膠囊，開始擠進服用行列，成為日常生活的一部分。

「低熱量、高纖維，或低脂肪、高維生素，有機，純天然，抗氧化，抗衰老」常備著這些詞的食品廣告商，把我們當成可孵育的、不斷壯大的目標。這些食品的優點，據說都是——改善循環，免患癌症，遏制自由基產生，延緩衰老。

在寫這段文字的期間，正是奧運女排決賽時間，我上午在健身房跑步時，電視裡正在直播中國隊與塞爾維亞隊的激烈決戰。中間穿插這麼一則廣告，大概邏輯是：運動會使人丟失水分和大量微量元素，某某礦泉水含有充足的微量元素，所以你在運動時要選它——一個簡單的三段論，線性因果，單因單果，直接關聯。

我們看了，也就信以為真了？

我們其實也沒有那麼一本正經地獲取營養，一絲不苟地查閱文獻。到底應該是什麼樣的飲食方式，能讓我們更加健康，即使專家們也眾說紛紜。之前，專家們告訴人們，雞蛋少吃，因為膽固醇高。但二〇一五年修訂的《美國居民膳食指南》，不再限制膳食膽固醇的攝入。這個版本，一如既往地強調多吃水果、蔬菜和粗糧，少吃飽和脂肪酸、鹽、糖。曾經認為咖啡喝多了，對人體有害，但二〇一五年版《美國居民膳食指南》第一次出現咖啡因，說喝咖啡沒問題，甚至對人有益。有強烈證據支持：每天喝三到五杯咖啡是健康飲食，甚至可以降低患II型糖尿病和心血管疾病的風險……

如何吃飯，什麼是適合我們的飲食，成了一門廚房科學。關於人能承受多大的緊張壓力，應當進行多大強度的鍛鍊，需要控制多少體重……圍繞此類話題的討論，也同樣沒有盡頭。

當歸、牛肉、枸杞，以及其他「大補的東西」，燉成一鍋湯，泡成一瓶藥酒，可以為身體輸送活力。維生素A、B、C、D、鈣片、蛋白粉……這些通過精緻化學技術合成的補品，吞下去就可以彌補某種想像中的營養缺憾。

雖然具體如何吃，說法不一，但身邊的養生派焦慮分子越來越多，手機新媒體轉發各種養生短文。這其中，有少食多餐的常規方法，也有「兩頭大蒜讓你活到一百歲」的抽離上下文的譁眾取寵。甚至，毒藥和仙丹矛盾地集於一身——比如一篇說，「大蒜能讓你活到一百歲」，又一篇說，「大蒜能讓你胃穿孔而死」。在這裡，我們暫且還排除了另一撥非常顯著數量的話題——食品的安全性。那更是諸多觀點混戰一團的陣地——但你要知道，閱讀量很高。

懷著一股追求健康、希望活得更久的熱忱，但總也得準備一些判斷吧。

只是在關於健康、衛生和醫學的話題方面，判斷力一直是一種非常難以獲得的能力。

那些宣稱「抗衰老」的藥物或是食物，它們是心想事成的產物，還是真正科學的產物？那些抗氧化藥物，那些有氧運動，那些素食究竟有沒有用？對烏托邦式科學的夢想，包治百病的萬靈藥，追求走在通向長生的路上的某種幻覺……這一直是我們腦海中揮之不去的一個念頭。在追求健康、希望活得更久的道路上，我們運用直覺遠多於理性，撿拾枝葉多過建造森林。

在二十世紀八〇年代末到九〇年代中，中國各地的公園、廣場都可以看到成群練功的人士，四十五歲以上的中老年居多。一位駐京的英國記者曾經如此描述：從政治運動桎梏中被釋放出來的中國人，對氣功的迷戀已經到了著魔的地步。現在，氣功熱已幻滅，大熬養生湯的劉太醫被拆穿，《無毒一身輕》的「排毒教父」後來被起訴，《從頭到腳說健康》與《從頭到腳有毛病——曲黎敏養生書的135個錯誤》兩本互相矛盾的書曾在同一時間暢銷。

能量沒有消逝，能量轉移到別處。

我們的傳播媒介，從印刷文字轉移到電視，轉移到電腦，現在則是智慧手機等移動端，這場「增壽的文藝復興運動」的行為，也與從前不太一樣：如今，20%的智慧手機用戶都至少下載了一個健康類應用，一半以上的成年人在網上查詢健康類資訊。

社交媒體上各類養生大法，馬拉松隊伍中一身專業裝備打扮的矍鑠男子，健身房胸肌發達有馬甲線的教練……成為了新的崇尚目標。朋友圈裡曬「暴走里程」，練出「Ａ４紙的腰身」、練出八塊腹肌人魚線。「腹肌黨」們，喝下各種口味的蛋白粉，分散在不同角落獨自瘋狂地捲腹、仰臥起坐，一百個，兩百個……

一位在文學藝術圈工作的朋友說，他感覺身邊朋友在跨過三十五歲之後，分離成為兩大陣營：一部分人在抄經，一部分人在跑步。有人概括了新中產三大寶，也可以稱為中年危機三大寶：抄經，跑步，吃素（此處也可替換為榨果汁）。

從二〇一一年起，一個龐大的跑步人群湧現，搭伴其時快速發展的新媒體，跑步熱潮蔓延。各種馬拉松跑友團，各種專業裝備的展示，十公里後大汗淋漓的照片，綠色描線彎彎曲曲的地圖截屏。馬拉松賽事遍地開花。二〇一〇年中國有十三場馬拉松，二〇一五年的場次已增加十倍，參賽者一百五十萬人。關於跑步的書，已不只是村上春樹的《關於跑步，我說的其實是……》，還有《跑步聖經》、《天生就會跑》、《素食，跑步，修行》、《百馬人生，從55歲開始》……

是的，跑步產生欣快感，促進大腦分泌「快感荷爾蒙」腦內啡。除了追求長時間運動的腦內啡式的欣快感，人們是否也在體驗《天生就會跑》一書中提及的那種原生態？「在非洲，羚羊每個早晨醒來的時候，都知道牠必須比跑得更快的獅子跑得更快，不然就會被吃掉；而獅子醒來的時候，也知道牠必須比跑得最慢的羚羊跑得更快，不然就會餓死。不管是獅子還是羚羊，太陽升起的時候，就要開始奔跑。」

我猜更多的是跑步背後的這個隱喻：有些人每天早晨醒來像獅子或羚羊般奔跑，有些人卻得依靠止痛片才能下地走路。如同有人轉發：《健身與不健身的兩種人生，最後十年對比》。一個他，在湖畔釣魚，感受著自然的風吹與蟲鳴，欣賞那夕陽的餘暉。另一個他，在病房輸液，看到落日沉沉西下，敲奏著另一個下午的死亡……

養生、氣功、跑步、健身，共同之處都是——暗示我們目前生活的狀態是不健康的、有違生命之道，必須行動起來、加以改觀，許諾一個假想的更健康的未來。膜拜健美、有肌的身體理想，嚮往年輕外形和活力形象，同時，也激起一股對身體的焦慮，對一條通往健康和長壽的假想之路的追尋，漸漸造就了一批「焦慮派養生分子」。在看不見的雙手的助力之下，漲起的潮水將舉起所有的船隻。跑步、健身其實也是一種經濟。懷著自律、勤奮，浸染著對馬拉松精神的感悟，去東京跑，去皇后鎮跑……跑步成為習慣，跑步同時也在被消費。

一位來自美國賓州的教授，寫過一篇〈為什麼我只想活到七十五歲〉，真是一股清冷的聲音：

「我們癡迷於運動健身、做智力遊戲、品食各種果汁和蛋白質食品、恪守嚴格的飲食、不斷補充維他命和營養品，所有人都在孜孜不倦地欺騙死亡，並盡可能地延長生命。這些現象如此普遍，儼然已經成了一種文化。我反對這種願望。我覺得這種對無休止延長生命的瘋狂追求被誤導了，也具有潛在的破壞性。從眾多理由來看，七十五歲是個不錯的人生終點。」不妨先試圖理解這種不同的聲音。在第六章，將繼續解析他為什麼只想活到七十五歲的個人觀點。

那些從事耕種的五百代人之前的祖先，也許很難認可演變至今的種種現代生活方式。我們改變了自身物種曾適應的環境，也在付出代價。人的原始狀態，並不是健康與和諧的牧歌，沒有哪個頭腦清醒的人，想用巨大代價去換取原生態的狩獵生活。我們只能在已經築成的現代世界裡，想盡一切辦法，去防止有害健康的後果。

遙遠之處，聳立著關於健康和長壽的想像，它對於人類來說，實在太重要了——至於到達的實現方式，並不科學，並不全局，並不系統，而是支離破碎地經由我們自己拼湊在一起。我們可能被誤導了，我們可能也不知道在看不見的雙手的助力之下，漲起的潮水將托舉起所有的船隻。

今天，如約翰．厄普代克說：「我們膽怯地希望科學來拯救我們。」

## 五、數萬種擾亂方向的書，以及幫我們做判斷的廣告

當個笑話來聽：某人讀到兩份報紙，都有文章說吃蘋果有益健康，但其中一份說在飯前吃，另一份則強調在飯後吃。此人一向對健康養生讀物照單全收，無奈之下，只好吃一口飯再吃一口蘋果。如此，實現了飯前吃和飯後吃兼顧。

其實並沒有一帖靈驗的「長壽處方」。也並沒有一帖完整清晰的「長壽處方」。

我們將精神的、解剖的、經濟的建議混合在一起，將智慧文獻、醫學文獻、養生雞湯、道聽塗說混合在一起。大多數人都在就自己的理解，跟隨風潮，將大大小

小的零碎點，拼接成一帖自己認為的長壽處方，走在那條指向「健康、長壽」的臆想道路上。

我們還常常會面對這樣的養生困境，比如看起來一個簡單的問題：咖啡對健康有益還是有害？不同媒體常常說法不一。某篇以「據科學家們研究表明」開頭的文章，究竟能給我們帶來什麼信息，它所描述的內容又是否能作為可靠的知識來源和實踐依據？

即便是看上去相對全面的《咖啡無罪的一〇一個理由》，背後也可能是推廣咖啡的某種商業力量。不信你可以去看一下書中的一〇一個理由，一〇一個小標題，其中就包括十幾個咖啡產地的說明，比如：87.產自巴西88.產自哥倫比亞89.產自瓜地馬拉90.產自哥斯大黎加……它們能算是咖啡無罪的一〇一理由之一嗎？

「據科學家們研究表明」式的文章和電視報導，在生活中，也越來越多，究其根本它並不比「某某人說過」有多高明。在現在這種傳媒環境，如果還有人希望得到相對可靠的知識，作出相對準確的判斷，那他必須準備好前面將是一場長途勞作之旅。

這一路的起點是，先從「據科學家們研究表明」文章中，找該研究的出處，有可能找不到，那就去找國外新聞來源，再找到原文刊登在何處。下一步是讀原文，找出得到此結論的具體上下文和哪些限制條件。要求高一點，看一下發表刊物的學術水準。如果還能不畏艱難，去看原文中的原始數據，如何論證，同行如何評議，此結論是否存在應用限制。大部分研究的結論，都是針對具體動物模型、具體人群、具體數量、具體前提條件的，不可能「泛化」。從前那些致癌物和防癌理論的報導，那些「所有拋開劑量談毒性」的報導，大多如同街頭巷議一樣不可信。

但如今，在大眾媒體上製作這些資訊的生產者，並不可能去做如此一趟「艱苦卓絕」的長途勞作之旅。好像也沒有這個必要。我們大多數人，喜歡科學的量正好合適，喜歡科學的難度正好合適，「不至於被大量的複雜的事實塞滿了嘴而不能下嚥」。

我們並沒有那麼多的質疑精神，沒有那麼多的理性思辨。大眾媒體會為吸引眼球而選擇容易讓人誤解或偏信的內容，已屢試不爽。人們更願意寧信其有，跟著斷章取義，支離破碎，看一個信一個。

這種景象，在全世界幾乎都一樣。在歐美的早期階段，基督教信仰中的理性精神，為科學的普及還算提供了一個不錯的框架。在中國，則從一開始，就缺乏一批既有科學背景又有科普能力的人。只是後來，漸漸地，歐美那些科學布道者從科普領域撤離，取而代之的是深受大眾傳媒影響的記者、公關、廣告人士。

這種由現在的傳媒載體、傳播人一起塑形的局面，有幾個特點：孤立、非理性、吸引眼球、追求商業。面向大眾的科普，從一種關於自然的統一觀點，轉變為一大堆支離破碎、互不相干的事實。從傳播系統的知識，轉向渲染醫學的成果，以一種追求轟動的方式，以一種訴諸權威、非理性的新聞或廣告模式。但如果健康和長壽對你真的很重要，這件事應該花點時間搞清楚。

在目前已支離破碎的電視廣告世界中、網路世界中，醫學資訊，被碾成了事實的碎片，從真正的上下文中被剝離出來。它們用誇大的方式，強調某疾病的危險程度，展示某一治療事例的效果。這些與二十世紀早期刊物中的老套路，發行量曾經最大的雜誌《讀者文摘》，超市小報中「關於什麼什麼的新希望」……如出一轍。現在的讀者，仍然會相信，與任何一個世紀裡那些「祖傳秘方的追捧者」一樣。面對眼前各種媒體的醫學資訊，包括抗衰老、長生不老的進展，也許會讓人想起一百多年前的話：一九〇七年教育家德雷斯勒（Fletcher Dresslar）如此描述「迷信」——「我們心靈進化的殘跡」，一種「孩子般推斷」的結果。

一百年來，流行文化的詭異之處，在於對權威的迷信和商業利益，通過媒體及廣告巧妙地結合起來了。今天的媒體世界，網路連接之下的電視、電台、報紙雜誌、移動端新媒體……它們在製造「權威」。最上鏡的、能說會道的、與媒體最合作的，會成為媒體偶像，醫學權威，並收穫名聲。他們並不一定是最專業的醫學人士。他們催生著一種便利的、屢試不爽的偷懶文化——權威一出口，某些斷言就是正確的。

從脫貧，到小康，到接下來的富足，我們走向休閒、消費、娛樂的新階段。連醫學也開始展示其娛樂功能，在背後的商業力量推動下。有趣的醫學，會拓展人們的視野。「令人驚歎的醫學」，不是因為合理，是因為不可思議。孤立的事實，煽情並蒙昧。科學的「驚人之處」，更多的成了一種魔法、一種奇蹟、一種神秘主義，人們因此獲得娛樂。

早先的新聞結構，至今仍然存在，它常以結論和推斷開頭，填充一些支持性的細節。這種結構，就不可避免地帶來渲染的推論。相比之下，嚴謹而刻板的科學報告就太不娛樂了，一般只有在研究方法、研究結果充分闡明後，才會給出結論，並進行討論。

《童年的消逝》的作者，在書中描述自己連續三個晚上對美國全國電視網的節目中所展示的各種疾病或身體殘疾進行統計。「從痔瘡到令人心碎的生皮癬，從神經炎和神經痛到頭痛和背痛，從關節炎到心血管疾病，從癌症到假牙，從皮膚疤痕到糟糕的視力，一共有四十三次提到這些我們皮肉之軀承襲的打擊。」電視上到處在打開身體這個密室的門，方方面面。那台電視，擁有「一流的表演」，卻不具有哪怕「三流的意義」。

螢幕蔑視文字，螢幕是非線性的、非敘事性的，圖像、感覺、印象更重要。傳播媒介，從印刷文字轉移到電視，轉移到電腦，現在則是智慧手機。電視以及後來的螢幕文化，幾乎摧毀了醫學知識的普及。引經據典的論證，不適合螢幕。

除了娛樂功能，在醫學領域的大眾傳播，還離不開人們的另一強烈動機——追求健康。每個人都恐懼失去健康，尋求一種脫離病痛、減少疾病和死亡的健康，尋求身體上的康寧感，遠離衰老。這種動機，會被傳播媒介和商業力量巧妙利用。在藥學領域，草藥也常常掀起許多人的熱情。為什麼？因為大家常被單一的病理、相對輕度的治療所吸引。而且，現在醫學已經進步到，再沒有一個人是絕對的健康了。女性更年期必須服用激素來治療？老年人骨頭退化就一定是骨質疏鬆症？生命中許多正常的過程，如生老病死和不快樂，都被醫療化，進而商品化。數量逼近兩萬的疾病品種，在我們頭頂上紛飛。

不能不提螢幕文化中的廣告這一重要角色。在一個娛樂和消費的社會裡，廣告說了算。它替我們作判斷。廣告是事實片段加上追求轟動的形式，背後離不開商業。在醫學健康領域，廣告還發揮著普及功能。去看看那些鈣片、牙膏、消毒肥皂的廣告就知道了。如果深入解析「廣告」這一消費文化的典型，它在本質上是反理性的，也是不真實的。但消費者喜歡受騙，享受廣告製造的幻想。觀眾進入到一個進行非邏輯表達的特殊世界。蓄意的分割、簡單的事實片段，省略限制條件和背景，產生誤導，讓「消費者」自己去理解。如果把迷信從相信迷信的人們手中拿走，會發生什麼呢？人們將不能思考。同樣的問題，也可以用於廣告。沒有廣告，人們的生活就失去了基本的指導

一種原因導致一個結果，一個動作導致一個結果。傳染病引發的「專一致病原因」的發現，特效療法的發明……讓我們感受到了奇蹟，也習慣了把有用的事實，

用簡潔術語表達出來的做法。人們漸漸失去遵循一種普遍生活策略的能力。但是，日益凸顯的各種退行性疾病，包括衰老本身，卻可能是另外一種思考方法，並非單一因果這麼簡單。

今天的醫學，越來越成為一支重要力量。人們想要更多參與其中，醫學也需要在更廣的層面上被理解。但作為一門科學，它事實上也越來越遠離大家了，像很多其他科學一貫以來的發展路線：傲慢、冷漠、封閉、排外、複雜。專業分工越來越細，醫學人士追趕行業的發展，專業的分化也讓他們很難在一種全面、寬廣的視野下，觀照整個科學。醫學變得複雜，難以準確傳播。因為傳媒的特性，大眾媒體和「醫學權威」們只能用不準確的語言，粗糙地、孤立地表達出來。事實被分離，事實被孤立並誇大，單獨的資訊被不斷重複，但再也別奢望能夠「為之建立一個合乎邏輯的知識背景，將其作為這樣的背景中的一個組成部分加以理解」。

「身體是如此超級複雜，一名文科學生，在他所希望花費的時間裡，對他身體的生理機制，是不可能充分認識的。他其實也不必獲得這樣的認識。我們沒有上過汽車工程的課，車也開得很好。我們只要把工程學的問題，留給工廠和機修工們，只須用心照著使用說明書去做。為了衛生學的目的，我要對身體有一個總體的了解，但不必了解所有學術上和技術上的細節，那些畢竟是受過專業訓練的醫生的知識。」

無奈之下，這是越來越獲支持的「科學黑匣子」普及方式。但在與自己肉身切切相關的這件事上，我們其實也做不到像對待汽車那麼的疏離。

為什麼會在這一章列舉歷史上發生過的事？人類這一路幾千年走來，內在欲望幾乎千篇一律——追求長生不老，無論是仙丹、手術、秘方……它們面目各異，但都是人類永恆的期翼：期望活得更長，活得更年輕，並且這兩者最好都一起實現。

我們將會繼續為了外形和健康的恐慌消費。怕老，怕病，怕死。我們希望模糊自己的老年到來的邊境線。我們對每張照片中的自己開始在意，皺紋、腰圍、贅肉、眼神……每一次路過鏡子，從上到下打個分。不僅是我們自己在打分。我們生活的這個環境，很多力量湧動，它們也在無時無刻不給我們打分。

留住外形或重塑外形，基本已不是難題，至於花費多少錢，那就主要看對方講的是什麼樣的醫學故事。彈力素、膠原蛋白、玻尿酸、抗氧化、抗衰老……肯定是篇篇故事都會有的關鍵詞。除了外形，其他的就有些堪憂了。因為醫學的發展，名目繁多，有時結論不一甚至互相矛盾，因為一些披著醫學外衣、聽上去很醫學的說法背後的商業企圖，因為我們希望延長壽命，希望中年能停留得更長一點，我們的外形能更年輕一點，性功能一如年輕時，這樣的結局是——我們會繼續像前輩們一樣失去判斷力，花費更多的時間、更多的精力。我們所在的新傳播媒體環境，會更加助力這一目標，它們的背後大多是商業驅使、移花接木、斷章取義的故事。

現在，我們可能不再會去找一位中世紀的煉金術士，但我們所吃的那些精良健康食譜、所踐行的那些運動鍛鍊方案，有的有科學依據，大多數其實並沒有，有的是在一段時間於科學上成立，又在另一段時間被推翻……不少，其實是歷史上那些漢武帝的「銅仙承露盤」或是葉慈也會風聞而上的「腺體移植術」的化身。

僅僅是啟程旅遊去瑞士的抗衰老中心，已經不夠了，這些抗衰老中心已經廣闊播種，開到了世界上很多經濟發達區域。就在不久之前，看到一位六十多歲的企業家貼出來的照片，他坐在一家亞洲的抗衰老中心的沙發上，鶴髮童顏。他一隻手舉著一根試管，另一隻手臂剛打過針貼著ＯＫ繃。他向朋友們推薦的廣告詞是：這家抗衰老中心，會根據每位客人的情況貼身定製，給每位客人注射的抗衰老方案都不一樣。

你可以猜測他的朋友圈，也許就有這樣的一位兄弟，也是知名企業家，看完後買一張飛機票，啟程前往。

# 第三章

# 別讓我在晚年把詩興丟光

人在意識到「老了」之後，會進行調節，漸漸適應身心的限制，這些限制是一點一滴積累而成，是「分批的」、「漸層的」。去選擇自己認為尚有能力完成的那些活動。

當詩人感到令人厭惡的衰老時，「正如一件破爛的衣服，鋪在一根乾枯的枝條上」。

這句話來自葉慈。但作家尤薩好像不這麼認為。

二〇一六年，巴爾加斯．尤薩八十歲，這位諾貝爾文學獎得主在接受訪問時說，自己的黃金時代才剛剛開始。這一年，他的作品入選法國伽利瑪出版社著名的七星文庫，這個文庫只收錄世上最經典的文學作品，收錄在世作家實屬罕見。這一年，他推出了小說新作《五角地》（*Cinco esquinas*）。也在這一年，他與前妻協議離婚，向現在的女友求婚。現女友是六十五歲的菲律賓裔西班牙社交名媛。

「愛情是一個人所能經歷的最具張力的感情。了解愛的最好方式是去體驗它，而非描述它。」尤薩這麼說，也這麼去做。在英國查理斯王子的慈善晚宴上，他與女友正式以情侶身分出席。在一家雜誌專訪時，尤薩女友說：「我從沒想過會在經歷了三段婚姻、五個孩子、兩個孫子之後，再次遇到愛情，尤其是到這樣的年紀……尤薩對我來說是滿分。他的智慧、學識、幽默感自不必說，但最吸引我的是他的可愛與溫柔。他總是非常願意聆聽我，給我寫了很多情書，實在是美極了。」

這讓人想起英國詩人丁尼生的《尤利西斯》（Alfred Tennyson: *Ulysse*）：

我不能荒廢我的旅程，我要暢飲
生命之酒直到杯底。

西塞羅是古羅馬演說家、政治家和散文家。在兩千多年前，他寫成的三論——論老年、論友誼、論責任，是古典時代散文之傑作。在〈論老年〉中，他剖析老年之所以被人們認為不幸福有四個理由：「第一是，它使我們不能從事積極的工作；第二是，它使身體衰弱；第三是，它幾乎剝奪了我們所有感官上的快樂；第四是，它的下一步就是死亡。」但他認為，完成人生偉大的事業靠的不是體力、活動，或身體的靈活性，而是深思熟慮、性格、意見的表達。關於這些品質和能力，老年人不但沒有喪失，反而益發增強。

如果我們的壽命進一步被延長，在未來，我們是擁有更長的身強體健，然後突然解體、壽終正寢？還是如雷蒙德．錢德勒在《漫長的告別》中所說：「告別，是每次死去一點點」？

史丹佛大學的科學家詹姆斯．弗里斯（James Fries）對未來的樂觀預測是：使人類的生命更安全的結果是，平均壽命被推向其生物學極限，大多數人在八十五歲前後的一兩年內死亡。疾病與傷殘將被壓縮到生命末期，所以，未來幾代人能期待一個較長的時間跨度擁有充沛精力與強健身體，衰老將被較長地延遲，即使它最終勝出。也就是說，幾乎一切屆時突然解體，然後壽終正寢。

只是目前看來，這一預測太過美好。

作家唐諾如此解讀雷蒙德．錢德勒的「告別，是每次死去一點點」：

我們的死亡是分批的、漸層的，在心臟停止跳動被醫學的、法律的宣告不治之前，我們的身體已有某些部分早已完成死亡，比方說，掌理性愛生殖的那一大堆東西。

與「突然解體、然後壽終正寢」的樂觀預測相比，更現實的眼下是，壽命延長，但我們也許更有可能一併收穫的是——「比精力更長久的部分殘疾」。人們通過努力，創造了比較安全的生存環境，消除了過去使生命早期受挫的障礙，比如瘟疫、天花。但一百萬年前確定生命上限的基因，依然同在。今天的我們，並不比直立人更向前。隨著年齡越來越大，我們如果不被一個障礙絆倒，也會被另一個絆倒。心血管疾病和癌症，是目前面臨的一組障礙。未來幾代人，將面臨新的一組危險。所有這些威脅的倖存者，遲早都將陷入一名衰敗的「生物學老人」的境地。與此並行的，「社會學老人」那一部分，因為環境的變化，也並不樂觀。

## 一、變老的那一刻，每次一點點

皺紋出現了、眼花了、膝蓋疼、頸腰痠、肚子上的贅肉、脫髮的焦慮、睡不著……是常見的感覺到「老了」的那一刻。當然，也包括健忘，典型的「遭遇到了老年式的片刻」，它預示著我們的心智能力將開始衰損。

這些「變老的」時刻，開始得比我們預想的要早。

作家唐諾說自己一直認定：不是垂垂老年，是人到四十歲左右「才是死亡意識最猛烈襲來的時刻，是驅之不去的死亡感知瀰漫於你心思的時刻」……

年輕時，人們很少留意每一天或每一年自己身體的變化。在三四十歲的某個時刻，「我正在變老」這種想法，開始閃現腦海，隱含於我們的態度中，哪怕在對別人一句話的回應中。「我從前年輕的時候……」「我都這把年紀了，玩不動這個了……」人開始回憶了，人開始懷舊了。

唐諾的〈四十歲的折返點〉中，說得非常好：

為什麼會是在四十幾歲才跨越人生折返點的時刻，而不是距離死亡越來越近的老年呢？你身體開始走下坡路的時刻，是一種全然陌生的新感受，因為它是第一次，你一時找不到可應付它的經驗材料。更糟糕的是，它是你須臾不離相處了四十幾年的身體，怎麼忽然翻臉忽然背叛你而去了呢？於是這不僅驚駭，甚至還是哀慟的。

人是有韌性的，時間久了，我們會習慣於不斷墜落的身體新狀況，若非迅速死去，一定會找出和它再次融洽的相處之道，漸漸習慣衰老，並在不甘心與接受之間來回盤旋進而妥協。

小說家納博科夫，晚年在瑞士接受採訪時說他最需要的是一張「安樂椅」，好安置自己又老又肥胖的身體。當然他的「安樂椅」更多是隱喻：「安樂椅在另一間屋裡，在我的書房。這是個比喻，整個旅館、花園，一切都像個安樂椅。」

變老，是一個「對世界的感覺全面衰退」的階段。在時間的流逝中，五感在不停衰退。聽覺、味覺、觸覺、視覺、嗅覺……其中的視覺降低，最影響人的工作產出。眼睛的晶狀體，化學成分會改變，隨著時間的推移，彈性會降低。晶狀體開始硬化，我們開始失去近距離觀察事物的能力。許多人都有的「老花眼」，常發生在四十歲。

我在醫學院時的畢業論文，是與年齡相關的退行性黃斑部病變。隨著年齡增長，其他各種眼科疾病，也會發生。即便沒有青光眼、白內障、黃斑部病變，視力的減退也是時光流逝的自然後果。一位六十歲健康人的視網膜接收到的光線，只是二十歲年輕人的三分之一，每十年會失去一到三度的周邊視力，到古稀之年，會失去三十度左右的周邊視力。這也是老年人更容易發生交通事故的原因，他們常常看不見從十字路口突然竄出來的汽車。

表面看上去，這些是視覺的影響，但也一併影響我們「看世界」的方式，進而影響我們對周圍的理解、對世界的理解。具體到閱讀一例，唐諾《閱讀的故事》中說：

沒錯，還有眼睛，這是所有乍乍老去的閱讀者尤其最感刺激的部分。你被迫得開始計較字體大小，得計較燈光明暗，甚至還像個養尊處優之輩般計較閱讀地點的舒適性，於是，閱讀不再能是造次顛沛都能做的事了，它變得喬張作致起來，在順利進入書本世界忘掉一切之前，你總有一堆儀式般的動作非得先完成不可，這很令人痛恨，但無可奈何。

不只閱讀這一件事。視力、聽力的衰退，它們共同使一個人感到與生活隔絕，大大減少他的活動範圍。只不過，失明和失聰這兩件事對人類的預期壽命的影響很小。它們影響的是生命的品質，不是長度。但其實，減少老人中2％的失明，可能會比增加2％的老年預期壽命要有用得多。

再回到皮膚。簡單到「皺紋」這一樁，它是由皮膚的衰老造成。在青少年晚期，微笑的皺紋就開始在臉上出現。三十至四十歲時，皺紋就會肉眼可見。在抵抗衰老的這一波熱潮中，針對皮膚的手段真是層出不窮，各顯神通。那些名目繁多的美膚美容產品的宣傳，更是每天都在普及與皮膚衰老有關的「科學知識」。

膝關節是另外一個明顯變老的徵兆。常常一併出現的，還有頸椎和腰。韌帶肌腱失去彈性，軟骨被磨損破壞。進而活動受限，感到疼痛。

人在意識到「老了」之後，會進行調節，漸漸適應身心的限制，這些限制是一點一滴積累而成，是「分批的」、「漸層的」。它們塑造著我們，我們將漸漸調整期望值，渴求變少，自我感覺知足，生活天地變窄，去選擇自己認為尚有能力完成的那些活動。

直到行走變得越來越困難，關節炎的疼痛限制了運動和靈活性，生活漸漸成了坐在房間中看看書和電視，刷一刷手機……身心衰退引起的悵然，漸漸排擠掉曾經生機蓬勃的記憶。伴隨著身體各部分一點一點地死去，遍在的死亡跡象一一進入眼簾：落葉、季節更替、變幻的雲影、煙囪的青煙……寫有《巨流河》的學者齊邦媛，提到自己在養生村的日子，「疲憊已淹至胸口，走幾步得休息，像極了在水潦中行走的人」。

維吉尼亞·吳爾芙曾說：「所有的白天、所有的夜晚，軀體都在干預插手……

在六月的暖和中變成軟蠟，在二月的陰暗中凝成硬脂，那裡面的心靈只能透過這玻璃——汗跡斑斑的或者玫瑰色的——注視外面。」心靈必須經歷軀體的一點一滴的變化過程，直到不可避免的瓦解來臨，靈魂才能逃逸。

在今天，強健、潔淨、繁殖的身體觀，越來越被推崇。這影響著我們對中年到老年、老年的上半場的身體觀，向「強健、潔淨、繁殖」的身體觀靠攏。如果你見過作家尤薩六十五歲新女友的照片，就會對此有更形象的理解。

我記得一位女作家曾經寫過這一段，至今印象深刻。有一天傍晚，她走在路上，迎面走來一群剛放學的少男少女，十幾歲的身體，打打鬧鬧，歡聲笑語，洋溢著生機。四五十歲的她一旁安靜地走著，看了並無羨慕，倒是心裡暗暗慶幸，自己終於輕鬆了，再不用經歷那種被青春期荷爾蒙驅使時的混亂、混沌的生機。

但有多少人能夠靜下來，去欣賞皺紋的魅力，能夠將緩慢的移動速度視為某種從容？又有多少人會認為，離開了欲望的包圍是一種真正的輕鬆？

在關於「變老了」的那些徵兆中，當然肯定還包括一件不太公開談論、但又極其重要的事情：性，以及與「性」這件事關聯的肉體。古今中外的大部分男性，都非常依賴用性功能來評價自己是否衰老。這也是為什麼對男人來說，這幾千年來，長生不老藥常常也包含壯陽的成分。這也是為什麼腺體移植手術會在當時風靡一時，詩人葉慈也會加入其中。

青春期和性成熟期，看起來離衰老遙遠得很，其實是衰老過程的一部分。它們關聯的內分泌系統，是衰老背後的機理之一。對於大多數物種，生育階段的結束就意味著完結，但人不一樣，人在生育階段結束後的一段時間，智力還在推進。這就產生了川端康成的《睡美人》和馬奎斯的《苦妓回憶錄》。

川端康成的《睡美人》，是一個發生在秘密客棧的故事。年輕的女孩子被下了迷藥，整夜昏昏睡去。一些功成名就但垂垂老矣的失去性功能的老人們，來到這個旅館，擁著睡美人，看著年輕女孩們的姣好身體，面對沒有知覺的睡美人，沉思或懺悔，然後也是沉沉睡去。主人公江口，他並沒有完全喪失性能力。他連續五次來到這家旅館，與六個女子同床共枕。客棧的女人叮囑江口老人說：請不要惡作劇，也不要把手指伸進昏睡的姑娘嘴裡。他撫觸著女孩的身體，好多次他可以打破這裡的禁忌。但最終，他沒有。

著名的大衛王、《聖經．詩歌》的作者，晚年病入膏肓，躺臥床上，他曾用豎琴彈奏並詠唱了那麼多對於死亡悲傷的讚美詩。在年老時，他與一個年輕的女子共眠，以試圖使他冰冷的衰退的身體重煥生機。

「我老了，早已學會謹慎從事，任何題材廣泛的綜合性大課題的研究任務，我都不會再承擔了。」在人類學家李維．史特勞斯這句話之後，唐諾自言「不曉得還能等到賈西亞．馬奎斯什麼樣的新小說，更不確定是死亡先來還是小說先來。」

馬奎斯晚年寫成的《苦妓回憶錄》，被評論為「寫給行將消失的光的情書」。一個九十歲的嫖客，在一個沉睡的十四歲雛妓的身旁醒來，用唇膏在臥房的一面鏡子上寫：「親愛的姑娘，在這個世界上，我們孤單做伴。」他出身中產，沒有結婚、沒有事業、沒有錢，他在父母留下的老房子裡居住了近一個世紀，當過記者和拉丁語老師，現在靠退休金和在一家報紙寫週日的專欄勉強度日。為慶祝自己的九十歲生日，他給妓院老鴇打電話，要找一個處女過夜，重溫往日激情。當真正面對少女時，他什麼都沒做。「我的食指肚沿著她濕潤的後頸滑了下去，她全身從內而外地抖了一下，彷彿一聲豎琴的和絃。」他發現自己瘋狂愛上了她。這篇不少人感歎不如《百年孤獨》過癮但令人動容的小說，寫在最前面的其實是這一句：

客棧的女人叮囑江口老人說：請不要惡作劇，也不要把手指伸進昏睡的姑娘嘴裡。

——川端康成《睡美人》

確實也有一些人，在面對隨時間流逝性功能下降的事實時，反而感到自己收穫了自由。有人問索福克勒斯（雅典三大悲劇作家之一）老年時，還有沒有男女之情，他回答：「神明保佑！我終於像逃避野蠻、瘋狂的主人一樣逃開了那種欲望。」

在西塞羅《論老年》中，大段歌頌再不用為情欲所擾的老年閒逸解脫歲月：「一個人的心靈若能在戰勝情欲、野心、爭鬥、仇恨以及一切貪欲之後獲得自由，或如常言說的獲得解脫，該是多好呀！」

但在眼前這個年代，強健、潔淨、繁殖的身體觀是審美主流。除非能強悍地建立自己的一套觀點，大部分人還是會在老年的上半場試圖去模糊自己與中年的界限。甚至可能開始得更早，早到四十歲開始。我們一邊維持著猜不出年齡的外形，一邊自己冷暖自知地感受著老花眼、膝蓋疼，以及一些不足為外人道的那些隱秘的初衰徵兆。

## 二、別讓我在晚年把詩興丟光

《聖經》上寫摩西死時一二〇歲，「眼目沒有昏花，精神沒有衰敗」。大部分老人沒有摩西那麼幸運。在文學作品中，對老人的身體的刻畫，尤其入木三分，也更讓人凜然。

馬奎斯《霍亂時期的愛情》中，老去的烏比諾醫生以為，他現在完全曉得自己內臟的位置及其形狀了。作家唐諾評價說，這是有關人的衰老中「最精準」的一句：之所以能感覺到自己每個內臟的存在，是因為我們的身體只有損毀時或有異物入侵時才反應，並以各式各樣程度不等的痛苦來逼迫我們正視。我們的身體沒有感受歡樂的物理性設計，快樂是違心的、飄忽的，於身體只是一種輕鬆無事之感。「身體最大的快樂就是你全然不感覺到身體的存在，所以老子才說，人的痛苦憂患，只因為我們有這個身體拉著我們而已。」一次牙痛，就足以讓人否定上帝的存在。

唐諾聯想到另一種說法：「為什麼人類所有宗教烏托邦的天堂描繪都如此空闊、貧乏且毫無實感呢？相反的，所有有關地獄煉獄的想像卻都淋漓盡致生動不已到嚇你個半死？」

在《霍亂時期的愛情》中，描寫這次遲到的老年愛情，用了一個我到現在都記得的詞：「禿鷲」味。一種腐敗的氣味，充滿死亡意味的不佳氣息。

作家簡媜描述老年人身上有一種「老味」，霉味，像一條沒洗沒擰乾的油抹布，宴席早已散去的味道。「老人不喜歡洗頭洗澡，不喜歡換洗衣褲。感官的遲鈍，使得他們聞不到自己身上的異味，香與臭這兩個敵對嗅覺好似情同姊妹了。」老人因為行動緩慢，每日例行洗浴變成一件大事，穿脫、蹲站的複雜動作使得洗澡不再是享受而是苦差……她在《誰在銀閃閃的地方，等你》中如此描述老人的身體：「巨細靡遺地記下浮生戰火、世間勞役、內心憂懼與憤怒。九十多歲的身軀是枯乾的樹幹，泡過水的草菇，等待腐去的稻草，是失去歷史的廢墟。」

「優雅、堅毅、慈悲地老去。」作家簡媜在寫給老年的自己的信中說。她觀察到，大多數老人，都會走上那條「悲情、多疑、憂鬱、焦慮、呻吟、暴躁、煲電話」的泥濘路……她希望自己能夠不把珍貴的時間進貢給「悲情、多疑、憂鬱、焦慮、呻吟、暴躁、煲電話」這一群土匪。她希望自己如同濟慈的〈夜鶯頌〉：

我在黑暗裡傾聽；啊，多少次
我幾乎愛上了寧謐的死亡，
我在詩思裡用盡了好的言辭，
求他把我的一息散入空茫；
而現在，哦，死更是多麼富麗……

也有人提過這樣的觀點，一個人在老年時，由於身心與年輕時相比，發生了變化，可以說與年輕時已不再是同一個人。人的自我，是社會與現實互動的產物，用經濟學來解讀，是由人為的各種社會交往的收益成本構築起來。

美國著名法學家理查．波斯納（Richard Posner）曾舉自己的母親為例。他母親六十歲時，看到一位老人坐在輪椅上，說：以後我要是變成這樣，就殺了我。但是二十年後，當他母親也靠輪椅行動時，她就不想死了。

這一前後顯著的變化，波斯納解釋，是因為老人的心境有了改變，這兩個自我同樣都是真實的。一個年輕時的激進者，到了晚年就可能變成了一個保守派。年輕人往往不了解老年人的心態。「衰老」，不只是生理變化過程，包含著生理、心理和智力的變化。當年，母親那個「年輕的自我」，從雲端旁觀，發現如果有一天腦力下降、被囚禁在輪椅上，這比當時年輕的她的自我預期的命運要差。她那時相對年輕、能掌握自己的身體的自我，將觀點強加給未來「年老的自我」。

在目睹身邊許多老年人的經歷後，作家簡媜如此寫道：

有一道銀光拱門架在老齡者的路上，通過後，季節更替，地殼滑動，群樹形變，屋宇改道，人物流竄。表面上肉眼所見的座標不變，但被這束銀光掃過，座標上的景致瞬間變化，彷彿夢中有夢，畫中藏有另外一幅畫。在他人眼中，只是尋常的街道一景，於老齡者心眼所視，卻是當年生離死別的碼頭。難以察覺的光影，削鐵如泥，無聲息地掏空地基，搖晃城牆，使他們信以為真的記憶產生質變，從鋼骨結構變成海灘沙堡，但依然信以為真。

一九八七年，波斯納的母親在八十七歲時摔斷了髖骨。這時，她已經是一個虛弱和皺縮的老婦人，中度老年癡呆，經常不辨方向，短期記憶消失，說話極度重複。如果是在幾十年之前，醫學還沒這麼發達時，像他母親這樣摔斷髖骨的結局，會是死亡，人們會認為她到了長壽的自然終點。但因為醫學的發展，醫生巧妙地修復了他母親的髖部，她活了下來。只是她再也沒法走動，不得不住進養老院。她的精神狀態繼續惡化，最終她不能說話，不認識任何人。九十歲時，她最終因為肺炎去世，像一個影子一樣地走了，走時她完全喪失了理性。

希臘神話的門神雅納斯（Janus）有兩張臉：一張望向過去，一張前瞻未來。歌德花了六十年斷斷續續地寫成了《浮士德》，完成時他開心地說：「餘下的生命，可以把它看做純粹的贈品。」在去世前一年的日記中，他寫道：「主要事業完成。最後謄清稿。全部謄清稿裝訂成冊。」一八三二年初，離他去世兩個多月前，他又將手稿拿出來，進行了最後一次修改。

二〇一五年二月，我在紐約，零下數度的寒冬旅途中最後一站，去MOMA看了一個展覽：Henri Matisse: The Cut-Outs，中文名叫「亨利・馬蒂斯：剪紙」。這可能源於幾年前我在法國尼斯去過馬蒂斯的博物館，有一些情結，那些繪畫中筆觸流露的自由、恣意色彩。它們並不像中文直白的「野獸派」這個詞表面上看起來，那麼簡單。

那天排隊看展覽的人很多，懷著空前的耐心，排了一個多小時的隊，我想看看這位藝術家生命的最後階段，是如何創作的。為了打消無聊，我也一邊觀察著形形色色打扮的排隊者，猜測著他們什麼身世，為何如此耐心，為了什麼強烈動機，是不是藝術愛好者……因為MOMA大廳之外的紐約城，實在是太冷，幾乎讓人迎風落淚。

一九四一年，馬蒂斯的腸癌手術，讓他無法再從輪椅上站起來，但這也成了他晚年創作上轉變的契機。他拿起剪刀和彩紙。一開始，只是一種嘗試，但這種實驗最後卻創造了一種獨特風格。他將剪紙創作稱為「直接在顏色上剪裁」，「用剪刀繪畫」。

法蘭克福學派哲學家狄奧多・阿多諾曾說：「許多藝術家的晚期作品，總是帶有顛覆性的劇變。他們用雙手親自將一輩子所慣用的形式打破，用撕裂它們的方式去創造一種破碎的風景。」這樣的轉變，如果說得更冷靜一些，也是因為衰老和疾病，如影隨形。

愛德華．薩依德在著作《論晚期風格》中，將馬蒂斯的剪紙作品，評為藝術家晚期創作生涯中至高無上的例子之一：「後期作品展現了我們一生審美的努力，林布蘭和馬蒂斯，巴赫和華格納……我想要探討對這種晚期風格的體驗，它包含了一種騷動的張力，最重要的是，它包含了一種蓄意的、非創造性的、反對性的創造性。」它們的意義，如同貝多芬的《莊嚴彌撒》、讓．熱內的《愛與俘虜》、莫札特的《女人心》、維斯康提的電影《豹》、湯瑪斯．曼的《死於威尼斯》……它們都以同樣簡潔的力量，展現了那些經歷了變故的藝術家的人生最後階段，讓死亡徑直進入到自己的作品之中。

在觀看馬蒂斯展覽的全程擁擠中，我企圖接近在生命的第七階段的一顆創作靈魂。看著眼前的馬蒂斯的剪紙作品，我也想起了比較偏愛的程抱一、晚年的米蘭．昆德拉，以及作家唐諾屢屢提及的關於海明威的《渡河入林》。在紐約最寒的冬天，大雪幾乎封城，我期待這次馬蒂斯剪紙的展覽，能讓自己再多理解一點。理解什麼呢？也許就是這個詞——「晚期風格」。

作品〈游泳池〉是這個展覽的核心，是馬蒂斯剪紙作品的頂峰。創作背景是在一九五二年夏季，八十三歲的馬蒂斯在清晨說：「我想去看跳水的人。」於是，馬蒂斯在其助手的陪伴下，動身前往坎城的一個泳池。但酷熱使他們不得不回家。馬蒂斯感歎，要有一個私人泳池。他讓助手在餐廳用麻布包裹的牆上貼上一張白紙，馬蒂斯用一張塗著海藍色紙剪出他的「跳水者、泳者以及海洋生物」，把它們釘在白紙上，讓它們「尋找自己的生命」。

晚年的馬蒂斯開始製作剪紙，以及相關的繪畫、彩繪玻璃窗、紡織品。他以一種簡單的形式，去掉了所有多餘，用剪紙製作了美妙的抽象派拼貼畫。他離開人世時是八十五歲。

不少藝術家，會發展出一種晚期風格。當我們年過四十歲、五十歲時，甚至開始可以與這些藝術家平視，更具體地理解他，而不是單一角度地膜拜、仰望他。

這些晚期風格是什麼呢？魯莽、率直而不靈巧。十六世紀時，有人評價「元四家」之一的水墨山水畫家倪瓚，此人「到了老年，跟著自己的想法走，擦來蹭去，像一頭年老的獅子，獨自走著，沒有一個同伴」。威廉・德・庫寧（William de Kooning），抽象表現主義的靈魂人物之一，在後期的繪畫，達到了晚期風格的頂點。一些作曲家的晚期作品，會更傾向於「簡潔直率」。不論中外，在各自的領域內，馬蒂斯、葉慈、威爾第、達文西、米開朗基羅……都體現出了這種風格。馬丁·林德爾（Martin Lindauer）描述這種風格是：「注重通盤考慮，更為寬闊的視角，但不考慮細節。」

法國作家程抱一的文學作品，是另一種晚期風格。他寫《游魂歸來時》已八十多歲。《天一言》是他的第一本小說，寫完出版時已六十九歲。在此之前，他面世的多是關於中國詩歌與繪畫的學術研究作品。程抱一的名望基礎更多地來自於：自二十世紀六〇年代起，將中國文化介紹給結構主義與符號學盛行的法國學術圈，「被定位成了在法國的中國文化的代言人」，傅柯、德里達有時在思考新問題時希望在其他文化中得到印證，便會找到他，他比較熟悉法國文化的思維方式，成為了中西文化的擺渡人。

他在二十世紀九〇年代生重病臥床並動手術期間，甚至一度擔心自己的生命就這樣完結，他才開始了此生的第一部小說。「藝術上的晚期，不是作為和諧與解決的晚期，而是作為不妥協、艱難和無法解決之矛盾的晚期嗎？」薩依德在《論晚期風格》說。在離死亡越來越近時，作家的創作會是什麼樣的形態。這可能是理解程抱一小說的一個重要角度——因為他的小說全都誕生於「晚期」。如同米蘭·昆德拉的晚期作品《慶祝無意義》、《游魂歸來時》甚至字數也都不到四萬字。

作家唐諾如此解讀《慶祝無意義》：昆德拉的書寫是直向的，頭也不回而去，這一指向越來越清晰……小說越前行越集中越專注如一束光，除了持續想下去不再攜帶（或說一路卸下）額外加掛的其他目標，小說彷彿逐漸成為書寫者身體的一部分，只講自己必須講的話，惟不只是結語，還有更多不怕顯露失敗但或許更加重要的矛盾，困惑不解及其試探，從這裡得到一種不斷回返核心，一種幾乎絕對性的精準（以及一種事物更驚喜移動、晃動呈現的朦朧）；但從另一面說，這不是書寫者放縱的一人喃喃自語，這是一部確確實實的作品，「作品」對昆德拉來說是這樣：「是做總結的時刻來臨時，小說家同意拿出來的東西……每個小說家都應該從自身開始，摒棄次要的東西，時常督促自己、提醒別人什麼是『實質核心的倫理』。」

實用而有趣的經濟學視角，則是如此解釋「晚期風格」的。

一是隨著生命後期的到來，交易價值降低，減少了傷害聽眾的期望代價。不替別人考慮的交往，與更為小心、通常更有保留的談話相比，將更多暴露談話者本人。年輕人常常相反，他們要考慮使他們的交易最大化。由於生硬、直截了當的作品對社會可能是好的，「晚期風格」有其正面作用。

二是名聲可能會帶來特權。如果一個人過去做出了有價值的工作，這就增加了他現在的工作也有價值的可能，減少人們對它的懷疑。因此他不怕在人面前傲慢而恣意。

三是當到了晚年，老人的一種叫做「動態的智力」下降了，複雜化的成本升高了，這促使那些從事創造性的活動者轉向「複雜程度低」的創造形式和表達形式。如此理解馬蒂斯晚期的剪紙作品有些武斷，但至少，提供了多一種理解藝術家們「晚期風格」的層次。

葉慈的詩〈和時間一起來的智慧〉的結尾是：

在我的青春
那些悠忽的日子裡，陽光下，
我曾把我的花葉抖動
現在我也許能凋零了，歸入真理。

葉慈後期的詩句坦率、樸素、刺耳、有暴力傾向。它直奔事物的主題，絲毫不考慮安慰那些可能會被老人的「貪欲和狂怒」震驚的讀者。到了晚期，他拋去「機智和禮貌」。這讓習慣了「機智和禮貌」的公眾大吃一驚。

## 三、老人曾經的優勢：時間的老夥伴

這一節開始前，先讀一段唐諾在《世間的名字》其中一章〈老人〉中的文字：

我自己比較關心的是老人的價值問題，那個曾經作為人類經驗、記憶和智能載體的老人，讓他得以衝開生物限制理直氣壯活下去，但我們今天極可能已永遠失去他了。

生命經驗空前貶值，頭也不回地走入了一個老人不再有價值的時代。不僅在體系的運作上不再需要老人的參與建言，就能順利、甚至是更順利地運轉，也全面性的在價值、美學、品味、鑒賞等等的每一處生活選擇上年輕化、當下化，我們不再信任捉摸不定的時間甚至有點瞧不起它，我們不無道理的察覺出來，對未來保有過多的想像和希翼，只會妨礙我們當下的行動。

在今天，是否還會尊敬長者的智慧？曾經的「崇老文化」，是否早就動搖了？

在達爾文和華萊士拿出同樣的演化理論之前，法國人拉馬克曾有一個美麗的遺傳主張——後天學習的經驗，是可以遺傳的。

古爾德說，這是人類最美麗的遺傳主張，美麗到不像是真的。它也確實不是真的。我們每個人都得重新開始，從時間的零點老老實實開始。

唐諾在書中寫道：

「從這個角度想，我們會想到人類世界的『浪費』，浪費到令人心疼的地步。我們人窮盡一生認真學習的成果，總在生命的終端復歸於空無，聰明如卡爾維諾，博學如小密爾，縝密專注如康得……」但是，「人類終究成功建構起來他的基因之海，在記憶未被死亡悍然抹消之前——尤其在人們成功創造出文字，進而發明了書籍之後，原先藉由口語、藉由音波傳遞的脆弱存放方式，改由對時間浸蝕力量有著堅實抵禦能力且方便複製的白紙黑字來守護，至此，我們可放心讓愛因斯坦或卡爾維諾失去沒關係，只要記得讓他們在告別之前把所思所學寫下來，用一本本書籍好生保存並廣為流傳。」

說到老人的價值，我更尊重唐諾後來的回望：「很抱歉，當時我沒有真正注意到書和老人是互換的，有了書，我們便不需要老人了。」

在《童年的消逝》一書中，是說有了「印刷和文字」，定義了童年與成年的界限。從另一個角度也可以說，因為有了「印刷和文字」，老人的價值也開始貶值了。

唐諾不止步於此，更深一層地回望：

我也沒有真正注意到，在人完整的、矛盾並存的所思所想和局部的、拘束的、且必須清理矛盾到一定程度的書寫之間，其實有多少必須吞回去的東西，有多少是難以用言之有據言之成理的語言文字以及書籍形式說出並存留的？書寫時你總得花過多的時間思索「怎麼說」，而不是「怎麼想」。

是的，如果讓老人與年輕人交流他所擁有的經驗，其實無從交流起。因為「怎麼說」與「怎麼想」，其實中間還隔著一道牆。老人更多的是經驗的累積，至於「怎麼說」或是「怎麼寫」，並不一定代表他們「怎麼想」。

這就像法學家波特納提到的一樣。

老人經歷了生命週期的不同階段，他們積累的知識和經驗，對於年輕人來說，究竟是不是一種有用資訊的寶貴來源？老年人的時間機會成本低，因此有大量時間與年輕人交朋友。老人，還可能是一個沒有利害衝突的朋友，不會因為與年輕人分享智慧而損失什麼，但種種現實表明，現在的老年人的智慧，對年輕人的作用可能不大。老少不同年齡組之間建立友誼的，比較少。這並不意味著老人積累的生活經驗，不是真正的智慧。它只說明這些智慧，難以進行有效交流。老一代的經驗在一定程度上，是可以得到整理的，通過書本或其他非個人的方式傳播給年輕人。但在一定程度上，這些經驗又是無法整理的——無論友誼如何親密，也完全無法將它傳播給他人。它建立在活生生的而不是書本的經驗上。

老人曾經的優勢，在於他是「時間的老夥伴」的身分。

對於一個無文字的社會來說，儘管老人的記憶會隨年齡下降，但老人的記憶具有巨大價值。這種社會的唯一「紀錄」，就是其成員的回憶。對於一個技術和社會實踐變化很慢的所謂「靜止社會」，長期記憶是有價值的：老人回憶描述的，是年輕人現在正經歷的事。饑荒、入侵、日食和月食、瘟疫、洪災、旱災……只有社會中的老人能回憶起類似的事。也許年輕人從未見過日食，老人可以告訴他們，這不是一種新現象，從前也發生過，並且沒有帶來什麼不幸。

如同唐諾所說：

基本上，人肌肉筋骨乃至於內臟器官的衰竭快於心智，在心智也終歸於渙散消亡這一段時間間隙中，老人惟一的優勢便在於他時間老夥伴的身分，這是確確實實的經驗和記憶，以及多多少少結晶出來我們習稱為「智慧」的生命俯瞰性、總體性結論和感歎（因此，人類有關時間、記憶、智慧的擬人樣貌，總是以老者的形象出現），語言則是他最方便好用、且極可能是惟一的工具。他可以告訴很多事都是初次遭逢的年輕後來人們，祭祀該如何正確地、不冒犯天地神明地進行，作物的生長哪個階段需要什麼、該把勞動集中於何事，餵養小孩幾歲該給予什麼該小心什麼，人跟人衝突的可能代價和結果會如何、應該如何權衡地處理化解，哪些事的中間步驟是必要的或是徒勞可省略的，哪些徵兆是重複出現的、可信的、分別暗示著程度不等的吉凶，凡此種種。尤其在文字未普及、人的記憶和經驗不方便巨細靡遺書寫下來存放於身體之外的這一段頗漫長人類歷史時光，一個個老人其實就等於一本一本活著的、但必須餵養他才行的書：當然也跟我們今天的書一樣，良莠不齊，不保證都能作出有益的建言。

是的，曾經在歷史上，部落或是村族的長者，指導後輩的意義十分重大。沒有文字的社會比有文字的社會，更多地以年齡為基準，來分配工作和確定社會角色。沒有文字的社會，面臨很高的信息成本。一個既是農業又無文字的「靜止社會」，沒有成熟的商業和司法系統，財富和地位的分配也不均勻，為老人創造了擁有很高社會地位的最佳條件。一個社會越「靜止」，老人、先輩、祖先……這一類與年齡和時間相關的，就越受崇拜。老人在決策工作上德高望重。那時，在每一個年齡段，可能只有一小部分人得以幸運地存活下來，他們能向後人傳授些關於食物、捕食、社會結構的基本信息。那時，老年人指導、教誨青年人。在西塞羅所生活的年代，兩千多年前，他如此描述：「正如有智慧的老人樂於同秉性高尚的年輕人忘年相交，以便從年輕人的敬重和熱愛中減輕老年的困惑一樣，年輕人也樂於聽取老人的教誨，那些教誨可以使他們培養美德。」

那時，有一句諺語「若要長做老人，就要早做老人」。這句諺語現在讀來，卻會讓大多數人覺得不可理喻。

那時，人們的平均預期壽命相對短，大多數「老人」，以我們的標準看不過是中年人，他們其實只比年輕成人高一代。「古人壽短，五六十歲算長的，來不及看到他久病纏身的模樣，沒機會見識腦部病變所引發的失智症狀，其智慧語錄猶言在耳，音容恆在，智者形象長存。」能活到真正老年的人，更是少見。那些能夠活到老年的人常常作為傳統、知識和歷史的維護者，一直到死，維持著一家之長的權威。在有些社會，老年人不僅享有晚輩的尊重和順從，還主持神聖儀式，支配政治權力。老年人備受尊崇，以致在報告年齡時，人們往往假裝比實際年齡年長。

但是，高齡在今天不再具有稀缺價值，社會老齡結構本身改變了。老年人對知識和智慧的掌握，地位動搖了，崇老文化動搖了。除了智慧價值，老人在今天的稀罕程度也在降低。八十多歲的老人們，曾因罕見而被珍視。

如果一個社會中的政治主導團體，希望社會保持「靜止」，其中的老人也會擁有相對主導的影響，比如，中國的封建社會時期。相信你已經能飛快地在腦中找到歷史可以對應的那些老人、那些事實。當一個社會保持「靜止」時，它在應付其面臨的挑戰時的做法，是堅持現有的做法。遵循「傳統」，而非尋找嶄新的解決方法。這種社會，還沒有具備普遍知識和解決問題的能力。一旦這種社會裡的人們形成一種有效方法，他們就不願改變已有方法。而年輕人的智力特點是：有彈性、有想像力、腦子轉得快、接納新生事物、有強大的短期記憶能力……但所有這些，只會給「靜止」社會帶來很少的利益，不會被重視，人們只會認為他們很危險。

如果一個社會是「動態」的，老人回憶的以前的事，用於對付現在的挑戰，就不會有太多幫助。識字、更為廣泛的教育，使得人們不再需要靠老人的記憶記錄過去的事件，也顯著降低了老人的價值。「動態」社會不再敬畏老人。老人僅僅成了通向遠去了的過去的一根活著的鏈條。我們不再向一個老前輩求教如何認知世界，我們直接上網查詢。

電腦、智慧手機、網路共攢的傳播大網，已瀰漫在周圍，它們催生的傳播方式，使得老年曾經舉足輕重的知識、經驗越來越小，他們的「時間見證人」的價值也越來越小。如今的信息、智慧以何種形式編碼?!跨界整合、深度學習，已不再依賴曾經的基於某種經驗的不可靠的概念提取。新傳播媒介，將曾經非親聆老人口述不得的「奧秘」攤開，年老的甚至需要從年輕的那裡吸收新知識，「文化反哺」甚至漸成事實。老年人與青年人的一個重要差別，是固態智力與動態智力。年輕人動態智力強，固態智力弱。他們學習創造的能力較強，知識更新快。動態智力隨年齡下降，老人不太可能成功地轉換到一個新工作上。如果一個社會中，需求常常變換，這時的老人大多數可能被「擱置」了。

似乎每個時代都有一種「理想的年齡」。傳統社會中，男人渴望被納入一種受人尊敬的「長者」圈子。現在科技的發展，消解了老人曾經的優勢地位，那些有著優質科技素養的年輕人取而代之。

如果換個角度，也許老人價值和威望的漸漸下降，其實是他們的獨立和自主升高的代價。不管是年輕人還是老年人，擁有更多自由，擁有更少受制於其他幾代人的自由。

從前是尊重老年人，現在是尊重獨立和自由。老年人所牽念懷舊的，其實是從前那段歲月、那些傳說中被高估的價值和地位。那種屬於老人的黃金時光，自此一去不復返了。

## 四、別讓我為暮年羞愧難當

一位九十歲的日本女人，獨自住在一套房子裡。死後近一個月，被人發現。她家裡的電視機一直開著，廚房的烤麵包機裡還留著沒烤好的麵包，浴室的浴缸裡放滿了水——所有跡象都表明，她是猝死。

一家專門負責打掃這種現場的清掃公司，將以下這些東西歸為了「貴重物品」：

這個女人生前外出旅遊時的照片。她收到的朋友的信件。還有這個女人親筆所書的紙箋，上面的「四時獨吟紅蜻蜓」的字跡，像是她有感於自己的境遇而寫下的詞句。

她一直沒有結婚，是有事業心的自立型女性。聽說有個不在一起生活的八十歲的弟弟，姊弟倆腰腿疲弱，這些年已經漸漸不來往。弟弟知道姊姊的死訊後，灰心喪氣地說：「我腰腿也不好，上了年紀以後，當然就沒法跟姊姊來往了。看到姊姊離開這個世界時是這種樣子，我心想，姊姊已經沒有了，接下來就該輪到我啦……」

可能，與「長久地活著」伴隨的一個詞是：「孤單」。

「四時獨吟紅蜻蜓」。這是日本NHK紀錄片《無緣社會》書中的一例。人與人之間的關係疏離，關聯變少。不想給別人添麻煩，也不與別人產生太多關係。

一九九五年芝加哥有一場摧毀性的致命熱浪，那些最脆弱的老年人在悶熱的家中去世後，才被世人知曉。有一些老人，甚至是死後很多天才被發現，真正的「與世隔絕」。造成這些人死亡的不僅是惡劣天氣，也是他們高度孤立的生活，彷彿整個城市已經棄他們而去。他們無聲無息地創造了一種「獨自生活並獨自死去的神秘社會」的現象。

也許，在曾經的一些歷史階段，老人的價值確實是被高估的。如今，家庭結構變小，大家擁有更多獨立和自由，無論是年輕人還是老年人。獨立和自由，對年輕人是禮物。對老年人，則不盡然。他們需要找到辦法對付三件大事：孤單、疾病、經濟。如果對付不了，至少能夠平和相處。

一位英國作家說：「我們越老便會越孤單，這表示，喜歡孤單的人，入老後快樂會增加。反觀不喜歡孤單的人，入老後快樂會等比例地減少。這就是為什麼許多老人家會那麼聒噪多話，他們對於把他們包圍得越來越緊的孤單，感到不是滋味，想要反抗……一個老人如果能在陽光下自得其樂，那他將可與一小片在陽光下自得其樂的大理石，發生無言的應和。」

從客觀、實用、經濟學的角度來分析，孤獨感會在隨年齡增高而加劇。朋友加速地消失，與此同時，結交新朋友的淨收益卻在減少。老人的朋友大多來自同年齡組，但同年齡組中的新朋友的來源卻在減少。

簡媜曾在書中感慨道：「老年的寂寞是真的寂寞，一種膠著狀態，宛如數萬隻蜜蜂黏著養蜂人，黏出人形墳堆。像阿嬤這樣把一生獻給家庭、全無自我也欠缺機會建立自我的人，到了老年，常呈現空茫。她不吵不鬧，盲著眼坐在沙發上，讓人不忍。與她相處，必須從看似不變實則緩慢變化的境況中找到因應之道，從實體與虛擬交互出現的間隙追蹤她的心靈藏在何處，好比捉一條泥鰍，抓一朵雲影。」

我至今還記得一部叫做《我們倆》的電影，導演馬儷文。一個北京四合院裡孤單生活的老太太把房租給一個來北京求學的外地女孩，兩人從開始磕磕絆絆，到後來相互依靠。其中有一個情節，女孩要完成學校布置的拍攝作業——「老太太的一天」。她舉著錄影機要老太太對著鏡頭描述一天的生活。

老太太坐到院子，打呵欠，伸懶腰。

「去院子，曬太陽。」

「我剛曬過了。」

「還有什麼事呀？」

「都快入土了，還能有什麼事呀。」

「給孫子打個電話吧。」

「我給我女兒打一個吧。」……老太太撥電話，「我女兒不在。」

「不行，再想想還有什麼事。」

「醒了睡，睡醒了，吃飽了，歇會兒再睡。」

「不行，再想想還有什麼事。吃藥？」

「吃過了。」

「再想。」

「沒什麼事了。我悶的時候，就希望來個收破爛的，收水費的走錯門的，敲門可以說說話。要不語言能力就退化了。」

……

如果疾病以及疾病引起的活動限制，一起加入這種孤單感，老年將變得更慘澹。

在美國的一本名為《單身社會》的書中，描述了一位快八十歲的老人伊蒂絲，她自稱為「囚居者」。為了治療癌症，她曾經歷過高強度的放射治療，之後的三十年裡，她都一直在與放射治療的後遺症抗爭。輻射治療使得她的大部分內臟器官受損，她不得不在五十二歲退休，之後一直無法自理。在採訪時，她抱怨她如今的生活品質，她糟糕的財務狀況。她靠傷殘保險補助生活，每天都在承受疼痛，她患有抑鬱症，因為營養不良掉光了牙齒。因為行動不便，她幾乎從不出門。她很孤獨，又不願向所剩不多的朋友傾訴，害怕他們會遠離她。曾經的她，很自豪於自己獨立生活的能力，但如今卻不得不問自己——「我要怎麼照顧好自己？」雖然是「囚居」，但她也不願搬去養老院，在她的印象中，那裡有冷漠的工作人員，自己會被困在一個單調的環境中，百無聊賴地生活在一個除了死亡沒有任何新鮮事的地方。她解釋：「我的腦袋還是很清醒的，我怕我在那裡會過得很悽慘。」

作家簡媜將老年疾病纏身，形象地稱為「服病役」。「哪一種病比較適合我？看著病役『菜單』，如果我可以選擇，拿起筆，趕緊把帕金森與阿茲海默劃掉再說，中風癱椅、洗腎，也劃掉，我不喜歡纏太久的病，看來看去，心肌梗塞與半年期癌似乎是不錯的選擇。」

「家有一老，必有一吵。家有一老，必有一倒。」在目前看來，那條叫做「長壽」的道路上，有一條繩子綁著一或二位女性，繫在家中老者的床邊。在簡媜的筆下，分析出：「老年人各項身體機能的衰敗中，有兩項對於照顧者而言是極大的折磨：一是夜間不睡，致使照顧者亦不能睡。二是夜間頻尿，喚人服侍，每次皆涓滴而已。」

她描述家中請來的看護如何面對失憶的阿嬤：

（阿嬤）靈性流失，肉身仍在。之前出現的記憶力衰退、話題重複、情緒暴起暴落，已屬小節，阿嬤失去時間感，如同巴西亞馬遜叢林裡的「亞蒙達瓦」部落，沒有時間概念，無法分辨過去與未來。她進入嚴重的日夜顛倒狀態，夜間不眠而自言自語，時有吵鬧，變成「夜行性動物」，彷彿體內另有一個叢林部落的持矛勇士，跳出來狩獵，讓照顧她的看護苦不堪言。

在日本《無緣社會》一書中，描述了一位叫藤原君的人，七十五歲，過了十五年獨居生活，他患糖尿病多年，每天必須注射胰島素。「身上疼痛，心裡寂寞，這樣的日子過膩了。」他說自己沒有一個可依靠的人，唯一可算作樂趣的，是和每星期來幾次的護理助手談話。他身體垮了，離了婚，加上不想給別人添麻煩，所以不能回到家鄉去。這句「不想給別人添麻煩」，在日本記者進行「無緣社會」採訪的現場，頻繁地聽到。

藤原君居住在東京葛飾區的都營高砂住宅區，記者調研了這個住宅區的二百多名獨居老人。獨居原因中最多的是「配偶死亡」，然後是「子女獨立」、「未婚」、「離婚」。完全沒有親屬的，占13%，有親屬但不共同生活的原因，最多的是「不想給別人添麻煩」。即便客觀條件允許，跟有了自己家庭的兒女共同生活，雙方都會感到精神疲憊。

問到每天怎麼過，「跟家人或朋友見面」、「工作」這些與別人有接觸的回答，占一半。剩下的是獨自度過幾乎全部時間的「看電視」、「在家裡做家務」。

一位七十八歲女性說：「現在雖然還算健康，可一聽到救護車的聲音，心裡就會想：下一次該輪到我了吧？」

一位七十一歲男性說：「感冒臥床不起的時候，心裡會一下子湧出一種不安、淒涼的感覺。」

一位九十歲女性說：「我腰腿不行，所以害怕出門。與街坊鄰居幾乎沒有來往，跟什麼人也不說話。」

他們大多數懷有一種不知該如何度過這一天的不安，會擔憂健康，怕生病，怕自己不能自理。那些已感身體衰弱的人，把自己關在家裡，與外界隔絕。有人統計，六十五歲以上的獨居日本老人，每天的非睡眠時間中，大約有十二小時獨自一人。美國老人差不多十小時。

作者描述，整個住宅區瀰漫著一種令人詫異的寂靜。「太陽還很高，卻沒遇到幾個人。」「這裡生活著九百多戶人家，可社區裡一片寂靜，從屋裡傳出來的電視機的聲音都聽得清清楚楚。」

一種叫做「直送火葬」的形式，也在日本悄然普及，原因之一是「長壽化」，活得越長，認識自己的人中已不在人世的也越多。「我死了以後，請按直送火葬辦。」不少人活著時就簽署了這樣的合同。千葉縣浦安市的七十三歲圓崎城治，二〇〇九年用直送火葬的方式送走了九十二歲的母親。母親在丈夫死後癡呆症惡化，在福利院中住了十五年餘。她的兄弟姊妹均已過世，幾乎沒有朋友來看她。不搞靈前守夜，沒有在家中的告別儀式，只經過遺體火化就算追悼過死者。「直送火葬」只須把遺體直接運到火葬場付諸火化，《無緣社會》中稱之為「無人送終的生命終點」。

在中國，老年問題，也與孤單、疾病、經濟這三件事有關。在農村會更明顯。家庭結構變小，與子女分居、老年獨居越來越多，子女家庭的照護功能減弱，老人如何去尋找和建立屬於自己的生活社交圈、精神世界，減輕老年的孤單感？如何尋求社會養老保障和醫療保障，並與疾病相處？老年的經濟支撐這件事，則關聯更多層面。老與病，常常是考驗一個社會文明與否、最具鑒別度的命題。每一個頂著老齡化帽子的國家，都在尋找可能的解決之道。

## 五、職場緣、家庭緣一起斷開之後

退休並非自古就有，它的歷史並不長。一百多年前，鐵血宰相俾斯麥（Ottovon Bismarck）在任期間首次提出「退休」，時間大約是一八八三—一八八九年。德國頒布了《疾病社會保險法》、《工傷事故保險法》、《老年殘障保險法》等社會福利保障法案。

當時世界人口的平均壽命，也才四十七歲而已，退休也有很長時間沒有被認為是生命中的一個主要階段。現在，六十五歲成了我們意識中的常規退休年齡。在此之前退休的，也有不少人。有段時間，在那些倦怠感纏身的打工高級白領中，普遍流行一種「早日財務自由、提前退休」的單純嚮往。

「退休」這個概念的提出，與工業革命的大背景有關。在農業社會中，雖然農活很辛苦，但對生產速度沒有太高要求。一個上了年紀的農民，可以根據自己的年齡和體力，安排時間。

但在工業社會中，整個流水線的速度，以速度最慢的工人為限。因為有生產速度的要求，上了年紀的人將不太勝任。當經濟依賴工業驅動時，雇主就會想辦法讓那些年老的、生產能力低下的雇員下崗。這樣，可以招募一批更年輕、薪酬更低的新雇員。於是，雇主們開始規定「強制退休」的年齡。因為那個年代，人們的預期壽命比較短，一些公司便給這些退休工人定期發放一些補償金。當時它的數額，對於退休生活是遠遠不夠的，最後，大多數雇員都用「敵視」的態度看待「退休」。「退休」被年齡偏大的工人們公開抵制。那時，被「退休」就意味著「去坐著等死吧」的委婉版本。它似乎指的是人生末端「缺少活動的、健康狀況低下的、生命脆弱的」短暫時期。

一九三五年，社會保險法案獲得通過，自此美國和歐洲一樣，創立了全新的養老金制度。「突然之間，一個寡婦的未來有了保障。」退休成了一種大眾現象。

對退休的積極轉變，起於五六十前的鳳凰城退休村，在美國亞利桑那州。這個名叫「年輕鎮」的地方，雖然最終沒有繁榮起來，但它啟發了韋伯（Del E. Webb），一九六〇年開始建造退休養老社區，在一個叫做菲利克斯的地方，推出了「太陽城」社區。這個社區的設計，包含有一個高爾夫球場，一個購物商城，一個活動中心，有著積極的娛樂空間和一起外出吃飯的機會。

在美國，一九六〇年前，老年人對於退休的態度很糾結，到了一九七八年之後，退休的概念就變得和今天差不多的樣子。人們不僅普遍接受，還成為「美國夢」的元素之一。到了現在，現代人所謂的退休，漸漸意味著離開工作崗位，結束辛苦拚搏的中年，給自己時間和自由，用十五—二十年去好好旅行或享受生活。

「退休」的概念，是一百年多年來不斷變化的職場的副產品。除了體能上的局限，也與心智有關，年紀比較大的員工不再能跟上日日進步的技術。還與心理有關，常年從事一種工作會帶來倦怠及無聊。

在社會還沒有對退休做出更進一步的改變前，人們自己要開始做出改變。對於體能的局限，已經有不少建議。現在，開始有這樣的建議：即便退休之後，人也應該盡可能保證一定的工作量，盡可能去學習、接觸一些新的東西，保持一定的壓力和新鮮感。那些憂慮於老齡社會政策層面的人，則呼籲：「退休狀態在未來必須做出改變，否則整個社會將陷入越來越嚴重的財政赤字中。」

日本曾經是一個非常重視上班文化的社會。他們有一種說法，把退休形象地稱為「職場源」的切斷。新生代如何看待退休，我們暫且不知，但在此之前，對於大多數日本人，尤其日本男人，長時間服務於一家公司，大多數人際關係圍繞公司而建立。中年生活的大部分重心是上班和同事，兢兢業業為一家公司工作很久。等切斷「職場緣」之後，如果「家庭緣」家庭紐帶再稀薄，這時就需要老人獨自面對很多問題。孤單和疾病，首當其衝。

如果細緻地分析一下「家庭緣」，與家庭架構的大小、家庭紐帶的鬆緊有關。但目前趨勢，都在向著對老人的獨立和自由要求更高的方向發展。從十九世紀中期到二十世紀初，家庭規模從平均七個子女下降到三個。母親生育最後一個孩子的年齡也下降了——從曾經生育直至絕經，到大多數四十歲以下即停止生育。和我們的祖輩相比，更多的人，將活著看到兒女長大成人。一些人口學家甚至預測，如果我們能活百歲或千歲，我們將會想要更少的小孩。活得越久，會選擇越小的家庭。在一些發達國家，已經看到了這種趨勢。那些活著的將會繼續活著。那些未曾降生的，將永不降生。

但人類文明建構，並非可以一陣煙一場夢可輕易勾銷。作家唐諾在〈老人〉這一篇中寫道：「有關老年的歷史風險，最不擔心的其實是它的道德支撐這部分」，當然，細膩的、微調的、因時因地的討論會持續也有必要發生。八十幾歲的波赫士說：人除了是人道主義者還能是什麼？「我們可能會降低對老人的優遇規格，我們也可能一時一地一事的違抗這樣的道德命令，但負疚的、帶著罪惡感的，僅止於此。」

但現在的老年問題，比道德支撐還要具體。如果把它稱作「社會學的老人」，那麼老人並不是指單向的、沿著時間軸、沿著生物學路線的變老，他所處的另一座標，是與周邊各種人的關係的動態演變（包括親人、同齡人、年輕人），老人在社會中的價值，社會給老人生存和精神生活提供的可能保障，老人在社會中生活模式的變化。在可以想像到的將來，我們的文化可能也會向著《無緣社會》中描述的演變：人與人之間的關係疏離，關聯變少，不想給別人添麻煩，也不與別人產生太多關係。

艾澤科爾．伊曼紐爾（Ezekiel J. Emanuel）是美國賓州大學的副教務長。在他的文章〈為什麼我只想活到七十五歲〉中，從長壽老人的角度，也提到家庭的代際關係：

現在有很多成年人，夾在孩子和父母親之間，兩邊都要照顧，他們正經歷著非常真實、沉重的經濟和看護負擔。所以我們活太長，會給我們子孫後代帶來真正的情感負擔。父母也扮演著家庭領導者的角色，這使得成年子女很難成為真正的家長。如果父母都活到九十五歲，子女退休之後還得照顧他們。這不會為他們自己留下太多時間——然後就進入了自己的晚年。如果父母活到七十五歲，子女不僅早已與父母建立了良好歡愉的關係，他們還有足夠的擺脫父母陰影的自我生活時間。

隨著壽命的延長，老年人和年輕人之間的代際關係，也開始變化。在農耕時代，長壽的父母為年輕人提供穩定的大家庭、生活建議和經濟庇護，老年人會抓住財產權，臨終分配遺產。現在，如果父母的壽命顯著延長，父母手中仍控制財產權，與子女之間的摩擦就會加劇。對於年輕人，傳統的家庭制度不再是安全來源，是對財產、生活方式的控制權的爭奪。

因為社會轉型與老齡化，中國的家庭代際關係正在發生變化。隨便打開一個描寫中國當代生活的電視劇，如果涉及家長裡短、父輩與子代，你都會形象地感覺到。它們常常也是戲劇衝突的起源。在中國，家庭代際關係開始出現三個特點：

在一個家庭中，父輩與子代之間的平等意識越來越明顯，越來越趨於理性，父輩權威衰落，子代強調自己的權利，甚至子代會成為一家之長。網路改變了傳統縱向傳遞的代際關係，「文化反哺」漸成事實，長輩需要從年輕人那裡吸收新知識。

在一個家庭中，如果有三代人，中年這一層對父輩的付出，弱於對子女的付出，「恩往下流」、「尊老不足，愛子有餘」。隔代撫養開始增多，中年這一層在外工作時間多，主要提供經濟支援，子女交由父輩撫養的時間比較多，但在對子女教育上又存在與父輩的理念衝突。

家庭單位開始縮小，老年人與子女真正同住的開始變少。父母和子女之間也開始把分開住，看成是一種「自由」。如果老年人經濟上能獨立，會開始選擇和子女之間「有距離的親密」，選擇自住。家庭對於老人的養老功能，越來越弱。「一碗湯」的距離，最理想。它是指子女與父母分住，但距離近得可以送一碗熱湯，不會涼掉。

在日本NHK的《無緣社會》中分析，以往日本的社會體系，對每一位老人來說，家庭中互相幫助的「家庭安全網」第一重要，有企業保證雇傭、支付穩定工資的「企業安全網」第二，社會保險的「公共安全網」第三。由於獨立生活的老人增多，甚至獨居老人增多，家庭安全網弱化了。退休之後，或是沒有加入一家企業自己一直自由職業的增加，也在削弱「企業安全網」。在這樣的背景下，中老年男子的孤立，比女性更容易失去地域關聯，成為滑落到各種公共支援的夾縫裡的群體。人們開始關注「社會化養老」。

美國比較早就從居家養老過渡到社會化養老，老人可以積攢存款，在經濟上安排好自己的老年生活。但目前的社會養老場所，也已經不能滿足老年人的真正內心需求。

不管它叫什麼工整的名字或是絢麗的名字，養老場所並不等於把老人放進一個裝修工整的酒店，每天有護士和醫生來送藥，門大開著以便確認老人是否還活著。五十多年前，社會學家歐文·戈夫曼（Erving Goffman）在《收容所》（*Asylums*）裡寫道：養老場所，與軍事訓練營、孤兒院、精神病院一樣，是「純粹的機構」——很大程度是一個與社會隔絕的地方。

首先，生活的各方面都是在同一個地方、在同一個中心權威領導下進行的；其次，成員日常活動的各方面，都是和一大群人一起完成的；再次，日常活動的各個方面都是緊密安排的，一個活動緊接著一個另一個預先已安排好的活動，活動的整個流程是由一套明確的正式規定和一群長官自上而下強行實施的；最後，各種強加的活動，被整合為一套計畫，據稱是為了實現機構的官方目標。

在美國，二十世紀五〇年代，救濟院關閉，福利部門接管，病人和殘疾人被送進醫院，醫院遊說政府撥款，為需要漫長康復期的病人，去修建單獨的看護病房，是現代養老場所的雛形。它們更像一個醫院，不像一個家。即便有很多娛樂活動，也是被動的集體活動。最初養老場所的創辦，不是為了幫助人們全面地面對高齡問題，不是幫助老人們過得更好，是把這些看成是一個醫學可以解決的問題。現在很多養老場所的設計，也依然是為了控制裡面的人們的健康和安全。這是醫學為「不可醫治的問題」設計的解決辦法，只保證生存安全。

在這些養老場所裡，老人過著受監督的機構化生活，為了活著而活著，失去熟悉的那個家，也感覺失去了對生活的控制。但老了，對生活的要求除了「活著」，還「希望可以鎖上房門，控制溫度，擁有自己的家具。沒人要她起床，沒人關掉她最喜歡看的肥皂劇或者弄壞她的衣服，也沒有人可以因為過期刊物和雜物構成安全威脅而扔掉她的藏品。任何時候她都可以如願擁有飲食，沒有人可以讓她穿衣服、吃藥，或者讓她參加她不喜歡的活動。」

在一部叫做《天倫之旅》的電影中，展現了這麼一個極端選擇。一位高齡老人要麼被火山埋葬，要麼完全放棄對生活的控制，搬去養老院。後來，他選擇了前者，留在火山旁邊的自己的家。

在《單身社會》一書中，採訪過一位九十歲的小個子、淺膚色黑人女性迪伊，她住在紐約哈林區的一居室公寓裡，「這是我的家，我有自主權，我可以做任何我想做的事情。療養院或者……那個什麼輔助生活中心，我想起來就覺得害怕。我想住在自己家裡。」另外一位被訪者，是八十歲的約翰，一位退了休的社會工作者。在之前的工作經歷中，約翰曾有相當一段時間在療養院裡照顧老人，他最艱難的經歷，是照料他自己的母親。他認為：「任何曾經親眼目睹過、親身經歷過療養院生活的人，都會想盡一切辦法留在自己的家裡。」不僅僅是療養院通常缺乏足夠人手來照顧老人，更重要的是，療養院的環境總是沉悶的、壓抑的。在約翰的記憶中，所有的老人搬進療養院後就每況愈下，再也無法恢復獨立自主。

《單身社會》的作者描述自己見過各種檔次的養老院，從那些運營維護得很好的、擁有私人房間並得到細心照顧的，到那些他寧可選擇墳墓也不會去的地方，「都是死氣沉沉的氣氛」。人們之間有一種「養老院式」殘酷的階層關係。那些最健康、最獨立的人們，站在階層的頂部，那些體弱多病的人們則位於最底層，後者會被排擠、邊緣化、感到屈辱，「因為他們的出現變成其他人一種活生生的提示——這裡的人，都是非常脆弱的」。

對失去個人獨立性的恐懼感，對自身越來越依賴他人或機構的焦慮，將會困擾老年人。當個體的尊嚴和完整性漸漸覺醒，意識到無法自理獨立時，屈辱感便會產生。如果你看過西班牙電影《皺紋》、香港電影《桃姐》，也許可以感受到養老場所的三大瘟疫：厭倦感、孤獨感和無助感。未來理想的養老場所，應在對老人生命的保護和老人自立的尊嚴之間，去尋找更好的平衡。老人需要一扇可以上鎖的門，一個屬於自己的房間，保留自主和自由。

「社會學的老人」還將面臨一個趨勢，越來越多的獨居老人將會出現。個體意識的覺醒、家庭規模的縮小、公寓住房的興起、女性地位的提升、便於獨立生活的城市設施、通訊和科技的發展、人類壽命的延長……共同促成了這一趨勢。

對於那些結婚的配偶來說，隨著壽命延長，意味著一對伴侶中常會有一個會比另一個要長壽幾年甚至幾十年，通常都是女性。

還有一個原因是終身不婚者或離婚者開始增多，到了某個年齡必須結婚的社會規範漸漸弱化。不少人從年輕時就開始獨居，《單身社會》中採訪一位年輕人，「最終每個人都只剩下自己，你身邊的人們會發生這樣那樣的事，最終只留下你孤獨一個，所以我很高興能在年輕時就適應這種孤獨，更依靠自己，獨立生活。」另一位離婚後的獨居者這麼說：「獨立生活是站在虛偽生活的對立面，那些遵循傳統卻不幸的婚姻，不過是因為社會常識要求你這麼做。」

隨著經濟的獨立、精神的自主，有些老人希望可以在任何時間做自己想做的事情，對自己負責，做好了所有的安排——寫好了遺囑，挑好了墓地，當虛弱時搬到一個什麼地方。他們更珍視自己的自主權，並為自己的獨立性買單。

前面提到的住在紐約哈林區一居室公寓裡的九十歲老太太迪伊，她承認在像她這樣的情況，一些同齡人可能會感到孤單，但她認為，許多人都高估了她現在所需要的陪伴。「人們都認為你應該成天成夜地有人陪伴，我不介意一個人待著，我可以遊刃有餘地做我要做的事情。」過去幾十年裡，她曾經是一個社會活動家，參與各種協會組織的活動。如今她的絕大多數朋友已經過世，或者遷往了氣候溫暖的地方。她覺得每隔幾週與城中的老朋友見個面，共進午餐，去博物館，就已經很好了。剩下的大部分時間，她會閱讀各種傳記、小說、雜誌。她說她最近不看報紙了，因為她如今已經九十歲了，剩下不多的時間可以用來學習，她希望能把精力集中在「重要的」有持久價值的事情上，而不是浪費精力在一些隨機事情上。她常常打電話，晚上看一點電視，只要健康允許，每週去城裡逛三四次，「我盡量在能力允許的範圍內保持活躍，我對現在的狀況很滿意。」

迪伊在過去的三十年裡都獨自居住，但並非每個人都有她這樣的一個人生活所需要的性格和技能。

當我們試圖了解「生物學的老人」，和「社會學的老人」，既為接近現狀，理解我們的父母和全世界的老人現狀，也為能提前面對自己的將來。

如果一切沒有根本的改變，這可能就是我們要面臨的未來老年生活的「後半段」：

當職場緣斷開退休之後，我們如何去連結自己與社會？日趨鬆散的家庭紐帶，日趨平等的代際關係，老人的價值將不再被高估。單身將攀升。獨居老人將會增多。老年男性，會比女性更容易失去各種社會關聯。

當面對老年的孤單、疾病、經濟三件事時，如何自主和自理，保持自尊？隨著個體意識的覺醒，我們會越來越焦慮於失去個人獨立性，害怕自身老年的下半場越來越依賴他人或機構。

簡媜描述的阿嬤，「這樣把一生獻給家庭、全無自我也欠缺機會建立自我的人，到了老年，常呈現空茫」。我們該如何嘗試盡早建立自我，建造自我的精神世界，像九十歲的迪伊那樣？

我們將會面對一個被醫學化的「老、病、死」圍繞，有越來越多的醫藥手段可維持「活著」，並依賴社會化養老的老年下半段。生存品質和自主尊嚴的問題，尚無答案。

在不能大幅活動的世界裡，老人既需要「活著」，也需要一扇可以上鎖的門，一個屬於自己的房間。如果還能有讀一本書的嗜好以抵禦孤單，那可能更好。

# 第四章

# 衰老是一盤大雜燴

仔細觀察衰老，它的內在有著無窮無盡、難以預測的變異。它不像生命初始階段那麼精緻、那麼和諧的展開，它更像是日本摺紙，中間都是胡亂的褶皺。

## 一、衰老是一支謎語變奏曲

一個人生活在世界上，流逝的時間和經歷會給他留下什麼？「醫學試圖追蹤這樣的傷害稱為知識，一如詩人最終將這樣的傷害努力化為詩歌。」晚年兩眼失明的波赫士常常會講到這句話，他認為這正是文學最主要的任務。

一八九九年，埃爾加（Edward Elgar）四十二歲時，他的第一部交響樂作品《謎語變奏曲》面世，在倫敦由德國指揮家Hans Richter指揮，首演獲得成功。他從未在輓歌式的音樂背景中，對朋友和家人揭示《謎語變奏曲》主題的含義。他說：「它的暗淡的傾訴就那樣放著，不必去猜了。」

關於衰老，至今也依舊是個謎。化妝品、醫美手術可以幫助人們遮蓋衰老，但遮蓋的是皮膚的衰老，玻尿酸打多了也還是會露出破綻的。老年醫學或老年學，卻遠非「駐顏」如此表面，它力求闡明衰老的影響，甚至追求徹底根除老化效應的可能。

衰老從何時開始，四十歲？三十歲？精子與卵子結合之時？衰老從哪裡開始——在構成我們組織結構的細胞裡？還是器官，器官彼此之間無法交流？

衰老看上去既深奧又真切地在我們周圍，在我們每一次照鏡子的時光一瞥中，在我們爬山、爬樓梯的膝關節磨損中。你會在晚餐時向一個老朋友抱怨說，自己再也看不清菜單上的文字了。多大？四十歲了。我們周圍到處是衰老的跡象：生育能力喪失、體能衰弱、禿頂、腰腿疼……衰老是在大大小小的痛苦累積中，按部就班地進行著。衰老一點一點消除我們的能量，但衰老的類型又非常多樣。這個叫做「衰老」的過程是普遍的、廣泛的、內在的，而且是受環境影響的、至少目前看來是不可動搖的。在不同的器官、個體、性別、種族之間，又以不同的速度進行。它表面看上去有一種讓人難以忍受的隨意和混亂，使得生物學家很難找出身體衰老的根本原因，很難找出從何處下手、從哪些點著手可以去嘗試干預。

衰老現象非常不「齊整」，對科學來說，最「齊整」的模式才最好解決。「在衰老之外的任何一個重要生物學領域，其發展過程中一般會先出現一些主要理論，然後會有一個穩定的進展，一大堆假說在經過競爭淘汰後，最終剩下一兩個最有可能的主要假說。而在關於衰老的研究中，這一招不靈。」

如果仔細觀察衰老，它的內在有著無窮無盡、難以預測的變異。它不像生命初始階段那麼精緻、那麼和諧的展開，它更像是日本摺紙，中間都是胡亂的褶皺。

在生長過程中，看到的是生命的天賦。在慢慢滅亡中，看到的是混亂。盆中凋謝的玫瑰花乾枯無序，旺盛時期卻明麗有致。理解衰老，到今天為止仍然是一項艱難的、複雜的課題，如同「森林中的森林」。到底應該往哪裡看？人們幾乎茫然不知。關於衰老的研究，只能掙扎在眾多細節之中，眾多理論、眾多觀察報告之中。一隻蜉蝣只活四小時，一隻蒼蠅只活一個禮拜，一隻狗十年，一個人一世紀，而一棵樹可以活一千年或兩千年。太平洋鮭魚活過幾年，產完卵精疲力竭而死，烏龜卻老當益壯。這裡面有沒有一個固定的形態呢？我們是否可以改變它的形態？

衰老之謎在於，它在我們身上都表現出來了，但其潛在本質仍然是一個謎。

那不如換個角度，先來看看關於這個謎，至少有哪幾點是相對清楚的：

一是：處理衰老的外在結果，遠比處理其根本原因要容易。如同，我們能夠理解如何運用電腦而不必知道背後的硬體、軟體的奧秘。如須修復衰老帶來的後果，我們並不需要了解衰老形成的原因究竟是什麼。針對這些衰老帶來的損傷，所採取的修復方法，可能比你我想像的要更容易實現。

二是：我們對於那些能加速死亡基因的了解，遠多於對那些能延年益壽的基因的了解。但發現延長壽命的手段，比確認縮短壽命的機制有更大的科學意義。有許多辦法可以縮短壽命，而無需加速衰老過程。但當我們延長壽命時，觸碰到了一些根本性的東西。

三是：關於衰老的零碎、孤立的解釋是不夠的，我們需要一幅更大的生命和衰老的畫面。

四是：認為衰老僅僅是老年人的問題，年輕時可以放心忽略，是一種錯誤的看法。「衰老的早期效應」，並不僅僅體現在性和生殖問題上，因為一些生理的、習慣的、環境的因素。不少成年後出現的疾病，也是在早年即已埋下了根基。人們不是死於衰老本身，「死亡斜率」這根線，反映所有致命原因的總和。青春期和性成熟期，雖然不是衰老的徵兆，卻是衰老過程的一部分。

## 二、醫學學科之中的「灰姑娘」

對兒童生存的威脅，主要來自於外界。

對老年人來說，則主要來自於內部的生物學原因，以及人類目前的醫學研究尚未成熟帶來的限制。

心血管疾病、癌症、阿茲海默症、帕金森氏症、糖尿病、骨質疏鬆……很少發生在年輕人身上。如果有一天，這些疾病能像曾經的天花一樣得到根治，能讓大多數人保持年輕或是返老還童，那我們可以希望活得更長、更好。

但是你知道嗎？衰老這個研究課題，對於曾經大多數的專業人士來說，並不酷。在二、三十年前，並沒有多少科學家願意投身其中。自從歷史上生物學的「大發現時代」（Age of Discovery）過去後，作為一位研究衰老的生物學家好像就沒有什麼意思了。那時的老年學家（Gerontologist）也沒有特別多。一位著名的老年學家曾批評說，有關老化的研究一點進步也沒有，總是有著太多的理論，太少的證據。衰老科學被稱為「老年學」，字面上理解就是研究老年人的學科。想像一幅畫面：一位滿頭銀髮的科學家，徒勞地妄想阻止時光的流逝和歲月的磨損……這樣的形象，如同螳臂當車一樣滑稽。

但關於長生不老的研究，歷史又很悠久：幾千年來，任何一種聲稱可以為人類延年益壽的方法，最後都失敗了，不論是古希臘與巴比倫人，還是中國道教鼎盛時的吐納、辟穀、房中術……那些自古至今一種充滿著神秘主義和巫術感的對長生不老藥的探求，一股試圖逆轉高齡的輕率的樂觀主義，一種對返老還童的不懈渴望……又一直圍繞在「老年學」周圍。

相比於「衰老」，生物學和醫學中的其他學科從沒有被如此多古怪又沒有成效的觀點和治療所包圍。也沒有像它這樣被潑了這麼多冷水。老年醫學，曾經被認為是所有生命科學中一門最沒有希望的學科。有人說：衰老是自然界的一個疏漏，因為進化選擇並不適合我們長壽，那去研究衰老，又有什麼意義？研究口腔衛生、水的氟化，有助於長期使牙齒保持較好的齒形，但是又能怎麼樣呢？它們最終——仍將磨損。

在討論衰老之前，先說明一下它與另外一個經常混用的詞——「老化」。

在著名科學家彼得・梅達沃（Peter Medawar）一九五一年的演講〈一個未解決的生物學問題〉中，試圖去定義了「老化」（ageing）與「衰老」（senescence）的不同。單純的老化，是僅僅隨著時間的推移，發生的變化，沒有其他隱喻之意。衰老，是指老化導致的機體的功能、敏感性、能量衰減。南加州大學著名的老年學家芬奇（Caleb Finch）認為，「老化」這個詞，應該包括所有隨著時間的流逝而死亡危險性增加的事。它不包括所有年輕人患的流行病，和在各年齡階段發生頻率相同的其他疾病，但包括經過時間流逝後，引起的細胞和器官損害的所有變化，簡單概括，是因時間的推移而發生的變化。而不少老年學的工作者，傾向於使用「衰老」這個詞。

在不少場合，這兩者被模糊地通用，特別是在中文。在這一章裡，將通用「老化」與「衰老」這兩個詞，畢竟我們討論的重點，是人的壽命以及人為什麼會衰老，只要它們的指義沒有根本的衝突。

究竟是什麼造成身體機能的不可逆轉的衰退呢？這個問題最明顯的答案，就是衰老本身，當然這也是最偷懶的答案。關於衰老的背後原因，答案不是現成的，而且還很複雜。衰老過程並不存在一種單獨的、共通的機制。我們的身體在逐年積累脂褐質、氧自由基損傷、隨機的基因突變……各種各樣的問題。這個過程是逐漸的、隨機的、不停息的、多種原因綜合作用的結果，這些原因有人體內部出現的複雜交互作用，也有各種外部環境的影響。所有這些幾十個幾百個因素每一天都在對我們的身體造成各種影響。我們的身體如何適應這些內部、外部壓力，決定了我們變老的速度。

如同工程師們認為，簡單的設備一般不老化，它們可靠地運行，直到某個關鍵的部件出了問題，然後整個設備報廢。複雜系統儘管有幾千個危險的、潛在易壞的部件，但在設計這類機器時，工程師考慮了多重冗餘層：備用系統，以及備用系統的備用系統。人類衰退的方式，與複雜系統的衰退方式有些類似。它是隨機的、逐漸的。但如把它看成是時間流逝的必然結果，會偏於「機械論」（Fallacy of Machine）——認為我們的身體像機械一樣，用久了會壞。有生命的有機體，跟機械有明顯不同。有機體的基本特性之一，是它可以自我修護。我們不會因為切破手而死亡。傷口會好，人還會繼續活。即使有機體會老化，也不是立刻老化。

衰老，無論是它的原因還是它的表現，都是一盤大雜燴。

但老年學的研究內容，又絕不是膚淺的。它目前沒有顯著進展，可能只是表明它呼喚的是另一種不同的醫學研究思維。它不像傳統醫學研究那樣，把某一種疾病作為研究重點。更不是如曾經的「傳染病攻克奇蹟」一樣，是單一因果。關於衰老的研究所探求的是，能否首先建立一個與長壽有關的模型，而不是去處理一些機械故障、一個又一個零件的生鏽問題。延緩衰老就是要維持青春期和生育期這些生命力旺盛的時期，推遲退化性疾病的出現。未來衰老研究的主要突破，可能會來自深度學習的相關研究。這種研究主要是機器學習，利用成千上萬層級的電腦神經元來模擬人腦進行學習，進行諸多複雜因果的連接。

再看看如今的醫生，對於衰老幾乎束手無策。也許你可能並不知道，主流醫生們都會避開選擇老年病學。很多醫生，並不願意投身於照料老年人的行列。醫生們善於診察疾病，但是他們無法治療衰老帶來的一些潛在問題。生老病死中，醫生花很長的時間、精力處理「生、與生關聯的病」的問題，卻只有很短的時間處理「老、與老關聯的病、死」。

「主流的醫生，會避開老年病。因為沒有對付老廢物們的設施。」一位美國老年病學家說。「那些老年人要麼耳背，要麼視力差，要麼記憶力有所缺損。為他們看病，你得放慢速度，因為他會讓你重說一遍，或者再問一次。而且，他們不止一個主要問題——他們有十五個主要問題。那你，作為醫生，怎麼處理所有的問題？你不知所措。而且，其中有些病他已經得了五十年了。他有高血壓、糖尿病或者關節炎。治療其中任何一個病，對醫生來說，都沒有什麼吸引力。」

這種悲觀情緒，甚至在全世界的醫學院的教育中就已經表現出來了。在醫學院的課程表中，幾乎沒有老年學方面的教育。老年病學，也相應地被大家私底下稱為：醫學中的「灰姑娘」。有一些醫生認為，衰老應當被看作是另外一種完全不同的疾病。「如果真這樣，那麼醫學生們都能回答出一道題——我們每個人都患有一種不治之症而其死亡率是100％！」

衰老帶來的變化本身，並不是致命的，但這些變化卻讓身體更容易受到感染、傷害、功能失調。衰老引起的諸多疾病，有一些是普遍的、漸漸進展的、不可逆轉的，比如動脈粥樣硬化、關節磨損、肺氣腫……有一些疾病，是越來越高發，比如癌症。也有一些疾病，可以發生在任何年紀，但在老年後果要嚴重得多，比如骨折、肺炎和流感。醫生雖然沒有辦法修復這些問題，但是可以干預和關懷。對於老年人，醫生其實也有很多可以做的事情，幫助維護他們的生活品質，減輕疾病的困擾。但大多數醫生只治療疾病，其他事情靠後。

衰老將會永遠伴隨著我們嗎？老年病學家們應該盡力延長生命，或者只是盡可能讓人們在最後幾年少受一些折磨？那些研究死亡的學者們，自己真正想去了解衰老這件事的內心熱忱有多少？如果讓他們選擇終老，他們會如何面對依賴醫學手段活著但生活品質很低的可能？他們是一群醫學邊緣的可憐遠親，還是一支夢之隊，正邁向對世界的拯救之旅？

## 三、看起來非常複雜的衰老研究

亞歷士．康福特（Alex Comfort）是世界上研究老化的著名學者。他在青少年時期因一次實驗的意外炸掉四根手指後，還可以每年出本新書，持續十年，他學的是婦產科，卻在其科學研究之外，還從事小說、詩歌、散文的創作。在過去的歲月裡，他收集了蝸牛、鳥類和果蠅的老化資料，探索飲食和再生能力如何影響一種熱帶魚的老化，他檢驗抗氧化劑恢復對壽命的影響，並且把許多別人做的零零星星研究綜合起來，努力拼出一幅完整的圖片。

關於老年學的研究，他有一段話，到今天依然適用：「在生物學領域裡除了老年學以外，任何一個重要的領域，都可以看到其主要理論的由來及其穩定的進步——從許多不同的臆測縮減到一兩個最可能的主要假設。只有在老年學裡，無法這樣做。」

由於衰老是一個牽扯多因素的課題，界定一個特定的研究項目，是否和衰老相關，顯得困難重重，有時甚至連科學家自己也搞不清他們到底對衰老研究都做了些什麼貢獻。

十八種不同的基因突變原因導致過早的禿頭和頭髮灰白。

三十種不同的基因突變會引起心臟血管老化的加速。

五十種以上的基因突變，會加速老年癡呆失智的發生。

大約有七千到一萬個基因與人體的老化速度有關。

……

至今為止，只能明確地說，有一個基因上的差異是與人的壽命有關——它是非常普遍的遺傳特徵，性別。女性的死亡率比較低，活得比男性長，這個現象普遍存在於世上。所以未來隨著壽命延長，女性獨居老人可能增多。

有關老化的理論，眾說紛紜，多到不可想像，這個數量還在不斷增加之中。每次科學家們發現了老化的新跡象時，都會對外宣稱自己發現了老化的原因。在此，有必要對這些先做一個俯瞰式的探討。即便不是專業人士，但至少這種探討，可以幫助我們比較理性地看待新聞、媒體、廣告中各式各樣的斷章取義。

如果你問一位醫生或醫學研究人員，我們為什麼會老？他的回答完全要看他專攻的是什麼領域。

一位神經學家會告訴你，老化的發生在於神經元累積的損傷——腦細胞出生後就不會再增加。一位心臟學家可能歸因到心臟和血管的功能損壞，它慢慢地阻礙了血液流到重要的部位去。一位細胞生物學家會說，正常的新陳代謝會製造出自由基，這種有破壞力的分子會傷害我們細胞的重要成分，使得細胞失去功能。

醫學分為許多專業領域，所以你可以據此想像：為什麼會有這麼多的理論出現？這些理論，在「某個限定的範圍之內」，可以說都是對的。此處引號之內的內容很重要，但大部分時候我們接觸到的信息，並不這麼界定。

二〇一四年，美國德州農工大學（Texas A&M University）的一個實驗小組，在酵母菌、線蟲和果蠅身上試驗了一種藥物，在其他任何條件都不變的情況下，能延長這三種常用模型生物的壽命。什麼藥物居然能有這麼神奇的功效呢？是布洛芬，藥店裡隨便可以買到的那種常用止痛藥。之前也有研究，長期服用布洛芬可以降低老年人患阿茲海默氏症和帕金森氏症的概率。布洛芬不但能止疼，還是一種廣譜的消炎藥（可阻斷環氧合酶的活性，而這個酶是炎症反應的必需品之一）。炎症反應是免疫反應的一種，一直被認為和壽命很有關係。這篇論文反映了目前研究界的現狀，那就是很多常見的藥物都被發現能增壽，具體機理卻又都不明確。對這樣的藥物的綜合評價，最後肯定也不應該僅局限在對於酵母菌、線蟲和果蠅的研究上。但每天都有類似的大大小小的研究文章發表。

一個東西，必須要對它「恰當的尺度」上來觀察和分析，才有意義。在現代醫學中，研究的尺度是細胞，或者比細胞更小的單位——細胞的組分。與人的全身相比起來，細胞顯得簡單得多，比較容易研究。生物學領域也確實有很多有力的工具，去探索細胞的內在，特別在過去幾十年間，這些工具，幾乎主導了醫學研究。甚至在孤枝岔道上，越走越遠。

——但是，擅長的研究角度，一定就是比較「恰當」的研究角度嗎？

在《揭開老化之謎》一書中，作者打了一個比方：一位澳洲商人，想出一個點子來賺錢，他想去買一幅畢卡索的真跡，把它切成一英寸見方的小塊，賣給想要收藏畢卡索正品的「藝術收藏家」，他認為這樣可以大賺一筆。

但在整個藝術界看來，這是一樁醜聞。每一平方英寸都是畢卡索的真跡，但問題是，它們還算是真正的畢卡索嗎？站在作品的整體性角度，一英寸見方的畫布，不能代表真正的畢卡索。把一幅繪畫作品切割成零星的小塊，已經喪失了這幅繪畫作品它的本質。

這麼說，可能殘酷了一點——在細胞層面上，來研究人的老化，可能與此類似，是同樣的道理。切成一平方英寸的畢卡索，還是真正的畢卡索嗎？那些關於衰老的形形色色的理論，它們都在什麼層面上，它們是否都具有同等的解釋力？

什麼是「解釋力」？用汽車作比喻，如果你問，為什麼汽車會跑。如果你問的是一位修車廠工人，他的回答會是機械原理，鑰匙發動時，電流傳到點火栓上，使引擎發動，引擎連到車輪上，在經過轉換器後汽車就開動了。如果你問的是一位物理學家，他會告訴你汽油的燃燒在空氣中會產生動能，因為它破壞了化學的聯結，這個能量可以透過機械來做工，會使汽車移動。

以上兩種答案都對，它們只是在作不同程度的解釋而已。修車技師可以用第一種解釋來修理你的汽車，但是他不了解物理學家在說什麼。物理學家可能可以告訴車會跑的原理，但是他恐怕連點火栓在哪兒都找不到。

如果去問一位演化生物學家：我們為什麼會老？要得到答案還真的不容易。答案與你問一位醫生或醫學研究人員，可能完全不同。

演化生物學家甚至會反問你：「你的衰老定義是什麼？」「是在什麼層次？分子層次、細胞層次，還是有機體層次？」演化生物學家為什麼會反問，因為，並非所有回答的解釋力都相同。有些答案，是關於老化發生的機制機理。有些答案，是關於老化到底為什麼會發生。但在語言上，都是用「為什麼」來問兩個不同的問題。

生物醫學研究者比較像技術工人。演化生物學家將這一類技術工人式的回答，稱為近因的（proximate）或機械性的回答。雖然老化有三百種理論，但它們全是機械性的理論。許多可能同時都正確，但是在各自的限制範圍內，是在不同的點上進行解釋。那些在實驗室中用細胞水準的方法研究老化的生物學家們，整日研究的是與「老化有關」，而非「老化本身」。

如果在科學圈內的學術會議上，提議研究大象或者鯨魚，會是什麼後果？——什麼？研究老鼠以外的動物？我們已經對老鼠的基因和生理了解得這麼透徹，還有幾百萬隻老鼠等著要做實驗呢。但事實是，老鼠只是眾多動物中的一種。只研究這些，就想了解我們人類的全部醫學問題？「就好像只重複面試兩個塔斯馬尼亞的姊妹，就想了解美國企業大老闆的心態一樣。」《揭開老化之謎》一書中如此打趣。

在《跨越衰老》一書中，乾脆如此諷刺：西方的學術研究模式中，讓研究者盡可能多地去發表文章，研究經費的獲批，則取決於以往發表文章的數量。不少文章都是造假和無法重複檢驗的，也不會嘗試治療疾病。比如，有很多關於環境因素對癌症病情發展的研究，這些研究耗資數億，卻沒有多大意義。與其讓這些研究去論證污染帶來了更多的癌症病例，不如花同樣的錢，給出一些可行建議，去實際減少污染呢！

一位專家感慨：「當前，在老年病學上的紛爭，看上去更少關注於形而上學領域，更多地集中在方法論的層面。」

是的，一些複雜能力的退化，比如跑步的速度、視力的減退……看起來都是身體各部分各種細胞的改變，包括細胞的死亡、一些特別細胞的功能中斷、細胞分裂的功能減弱……這些研究，在醫學上有一些價值，但最終需要放在一個合適的尺寸、合適的層面上，進行一幅更大的生命和衰老的畫面「拼圖」。

## 四、「犧牲小我，完成大我」？

在更大的畫面拼圖水準上，也有著好幾種不同的理論。

最常見的是動人而悲情的「犧牲小我，完成大我」。

人作為個體，固然有著希望自己長壽的願望。但此外，還有他所屬的「物種」，在自然界中的位置。對於為什麼衰老，有一個最早的至今也是相當流行的想法是，存在即合理，假如一個現象俯拾可見，它一定是有利的。因為人越活越老越衰弱，看不出對個體的好處。那就有可能：衰老一定是對個體以外的實體有好處。那就是「物種」。如果老化是必須的，那就類似於「犧牲小我，完成大我」。

與達爾文同年代的華萊士（Alfred Russel Wallace）認為，衰老是物種的一個特徵，正如鹿的茸角與貛的條紋一樣。每個物種在它進化史上的一個特定階段，都有一個確定的生命上限。但為了物種的利益，這個上限可以改變，以增加作為一個整體的群體成功的可能。那些年老者們將躬身退出，以便讓年輕、更充滿活力的新一代們成長。過分延長壽命，會導致本物種的收益遞減，最終引發災難。假如老的個體不讓位於年輕的個體，將會產生不少社會問題：棲息地會變得過分擁擠，食物供給會變得更緊張。

一八八三年春天，在一次講演中，德國生物學家奧古斯特·魏斯曼提出了關於衰老演化的論證，題目為〈論生命的永恆持續〉：衰老是一種調適，自身也是一種調適，「疲憊不堪的個體對物種不僅是無用的，甚至是有害的，因為它們占據了健康個體的位置」。他的生命觀的故事，是一個與「調適」有關的故事。

鳳頭麥雞冒著危險假裝折斷了翅膀，將過路人或搶劫的狐狸引開遠離牠們的巢穴。蜜蜂螫叮蜂蜜偷盜者，即使它們在這個過程中大傷元氣……這些與「調適」有關的故事，有著明晰而悲情的目標感。對大多數人來說，它有著不可拒絕的強烈的直覺吸引力。

某一個特徵的進化，是因為它「對物種有利」，這一觀點至今仍然為大多數人接受。達爾文自己從未持有這種觀點，但它仍被用來使動物中的「貌似利他主義」行為合理化。個體可以犧牲，就像在一場象棋比賽中，捨卒保帥。此種戰術運用越成功，棋子就更加要有利他性。每一次不自私的行為，都會給該盤棋在生存遊戲中一次再玩的機會。聽上去實在是悲壯而感人。

「在我看來，」魏斯曼說，「生命是在其持續過程之中變成有限的，並非因為其本質有悖於無限，乃因為個體之無限持續，會成為一種沒有意義的奢侈。」他相信地球的生命在某個時段曾經可以永生，然後因為這個「犧牲小我，完成大我」的故事，生命才變得有限。即使一棵樹或一頭大象或一隻老鼠不會死於意外，並且它能永存，它在生存過程中也一定會被這樣或那樣的磨難損害，進而殘廢：「個體存活越長，缺陷與殘疾就越嚴重，就越難以完美實現其物種之目標。」它們對於物種沒有價值，甚至會產生危害。物種必須繁殖出新的、健康的個體，來取代老舊、蹣跚、虛弱之輩。假使人類存在過可以永生的個體，自然選擇的機制也會縮減其壽命，因為他們對我們種族毫無用處。

作家唐諾曾引用過納瓦霍人的故事，在他們的創世神話中有兩次說話，一次是年輕力壯的凱歐狼，另一次是由垂垂耄矣的「使人年老死去之怪」：

如果年老的人不死去，疲憊的人不躺下來休息，我們哪裡還有土地留給後來的人？他們要到哪裡種植玉米？建造屬於他們的荷根屋？

一隻阿米巴與草履蟲不會死去，僅僅因為它們不能——它們構造太簡單，以至於沒法死亡。一旦多細胞生物在地球上演化出來，衰老對於它們就成為可能，它們也就開始變老與死亡。在高等有機體形成之時，其自身就包含了死亡的胚芽。如果人類曾找到方法讓自己永生，魏斯曼說，那我們的子孫也會再度演化出死亡。

即便最能幹的醫學老年學家，都會落入這個感性的悲情陷阱——「犧牲小我，完成大我」。但漸漸地，也有越來越多的聲音，提醒人們這可能只是一種對自然界相當感情用事的解釋，它只是很能在直覺上讓人接受。反對者之一，是著名的牛津大學動物學家道金斯（Richard Dawkins），他認為，這種利他主義行為是一種假象，潛在的動機永遠是自私的。

自達爾文《物種起源》之後，物競天擇，適者生存。某一個世代中某一個「群體」的不同個體，只有那些具備最佳存活和生殖設計的個體，才可能成為下一個世代的雙親。那些新的有益的特質，會從一開始的很少，慢慢進步到很多，最後在互相交配的群體中，普遍存在。大多數時候，有利於群體的基因，也是有利於個體的。但有時，未必。這時個體的，還是群體的，哪一個利益比較重要？如果物種有一個最理想的群體大小，所有資源比如水和食物正好夠用，每一個體所享用到的資源也都相等。但從個體的角度，你要你的基因傳遞下去，就應盡可能地繁殖後代，而不去管群體的大小。對於一個族群，大人很快老化死亡，被年輕人代替，是因為基因上的世代交替，對於群體長期的適應能力來說是好的。如果一個新的、突變的長壽基因出現，可以延緩老化，進而這一分支的後代，會比別人的後代多，因為他們比同族中的其他人長壽。很快，這個長壽基因，就會蔓延到整個族群。

「犧牲小我，完成大我」這種說法，還有一個致命傷，它在邏輯上把「死亡」和「老化」混淆了。它假設沒有老化的個體是長生不老的。但不老化並不等於長生不老，它只是一直保持年輕的健康狀態，充滿活力直到死亡為止。那些不老化的無生命的物體，如試管和玻璃杯都會「死」於意外。假如時間沒有辦法逮到你，這些「發生意外」的「機率」，會逮到你。

## 五、在生活圓滿與工作圓滿之間，被迫抉擇？

了解「為什麼」會老，比「如何」老化這個問題，要容易得多。在《揭開老化之謎》一書中，作者認為：總共只有三個老化的因果理論。

這三個理論是：物種利益理論、生命速率理論、演化的老化理論。第一種理論的通俗版本，就是「犧牲小我，完成大我」。第二個生命速率理論，也一樣站不住腳。

生命速率理論認為：消耗能量的速度，生化活動的速度，是老化的原因。取決於動物新陳代謝的速率，一部分取決於體溫，另一部分取決於遺傳。

它的假設是：生命生來就有毀滅性，是自我設限的。伴隨著每一個消耗能量的生命生化過程，是不可避免的附帶傷害。生化反應裡的某個蛋白質會受到傷害。自由基會累積，會造成衰老和諸多疾病，它們會在身體中造成氧化，就像一輛舊汽車被氧化得鏽跡斑斑一樣。類似自由基這樣的有毒副產品，一些非活性的廢物，逐步累積，逐漸損害我們的細胞。太多細胞受傷，無法工作，我們就會死亡。假如動物是一輛車，一開始都有汽油，有的消耗得很快，如老鼠，很快就會死亡。有的消耗得很慢，比如烏龜，就會長壽。

一九四〇年過世的約翰・霍普金斯大學的科學家雷蒙・波爾（Raymond Pearl）是生命速率論的狂熱鼓吹者。他甚至認為五十歲以上的人，因心智退化，無法做出正確判斷，應該退出投票。他曾以〈為什麼懶人比較長壽〉為題寫過文章，他認為女人活得比男人長，是因為女人比較少進行體力勞動。短命與過多的體力勞動有關，適當節食可以減緩老化速度。但這個理論，有很多破綻。否則，真的是全世界的懶蟲聯合起來，注意飲食，欣賞那些運動狂人紛紛倒下死亡。生物的複雜性，不能被簡化成這個模樣。這個理論解釋不了蝙蝠很長壽、袋鼠新陳代謝低但短命，鳥類新陳代謝高但相對長命。

這時候，關於演化的老化理論登場了，講述的是一個「獻祭」的故事。

在人的壽命期間，存在一個交易的平衡：一端是成功生殖，另一端是疾病和殘疾。在有限資源之下，生殖和生存之間的交易的平衡，是這種平衡導致了衰老的進化。

最早的演化老化理論，來自霍爾丹（J.B.S Haldane），現代種群遺傳學的三傑之一，他的理論可以簡稱為：中年發病，天擇無效。假如一個有缺陷的基因，在生命早期引發致命疾病，在演化的過程中會很快地被天擇所淘汰。因為有這種致命疾病的人，通常不會留下後代子孫。有，也是很少。經過越來越多的世代，最後這基因也就從演化過程中消失了。

但假如一個有缺陷的基因，在中年以後才顯現，那麼大自然用天擇的方式去刪除這個基因的方法就無效了。因為它對生殖的影響變得很小。如果這個基因的顯現非常晚，在生殖期過後，那麼天擇就完全無法影響這個基因的命運。因為它已經無法影響生育者的數目了。

假如一個基因對生命的初期有利，但對生命的後期不利，天擇會選擇這個基因。比如，一個新的基因突變，有助於早年的生殖力，加快性成熟，但它卻會造成晚年的心血管疾病或癌症。自然選擇的過程，會偏愛那些對生命早期生存、生育有利的基因，雖然它們也有可能對生命晚期不利。對於生命晚期才出現的損傷，身體建立一套防禦機制來抵禦這些損傷並沒有什麼必要。三十歲之後的原始人類，有可能已完成了主要的功能或使命，他們完成了繁殖，並將自己的特質傳遞給了後代。進化優化了人類早期的生存、生殖能力，優化了撫育後代至成年的足夠的預期壽命。當主要的任務完成後，身體已經完成生存使命。

那些會引發生命後期傷害的突變，在人類基因歷史上，已累積了千百個世代。有一個比喻很形象：就如同那些雜七雜八的漂流物，時間久了堆積在沙灘上。突變是在基因組的任何一個地方都會發生，這個累積的突變，不止會傷害一兩個器官，全身都會受到一些破壞。

在任何一個時間，我們在進行著有限資源的有效分配，使用「有限資源」來讓最重要的身體功能運轉。如果把資源分配到生殖，那分配到其他功能的資源，比如防止疾病發生或防止被自由基傷害，就會比較少。為了準備生殖，需要暫時壓抑免疫系統、暫時壓抑修補損壞的DNA。至於暫時壓抑帶來的後果，到後期才會出現。

諾貝爾獎獲得者、免疫學家彼得．梅達沃將這一個「獻祭」的故事推向高峰，他認為衰老是一種進化特徵，隨著動物變老，進化選擇的壓力失去了鋒利的刀口。我們身體被塑造出來，主要目標是為了快速生長，不是為了延續壽命。能傳遞基因的肉體，是那些能夠快速繁殖的，為了在活著時能進入這個遊戲。那些幫助十幾歲時快速成長的基因，會被自然選擇所青睞，即便同樣這一基因會在晚期成為殺手。為什麼我們在年輕時最有活力？進化支援那些在生命早期起作用的好基因，並不積極鼓勵那些晚年起作用的好基因。隨著年齡的增長，機體提高生存競爭的主要演化動力一點點衰退了。

青年時代的健康和充沛的體力，不一定就是老年充滿活力的好兆頭。病弱的年輕人，長壽前景並非毫無希望。從這個角度來說，烏龜可能最終戰勝野兔！延遲到相當晚才表達出來的基因，表達得越晚，隨著時間的推移，被自然選擇淘汰的可能性就越小。由於自然選擇無法對抗它們，攜帶不良影響的基因將我們變成「遺傳垃圾箱」，將人生這場表演帶到一個終點。

我們嘗試用這個理論來解釋一下袋鼬和太平洋鮭。

自然界中的大部分物種，呈現下列三種衰老模式。

第一種，衰老在一次繁殖爆發後立刻開始。袋鼬是體現生殖與死亡關係的極端例子。第二種，以逐漸衰老和多次繁殖機會為特點。第三種衰老模式存在於一些最大的和最小的生物中，在高等動物中沒有。個體可以無限長地存活下去，即使有衰老變化，也察覺不到。

對於袋鼩的生活，但如果我們視為「原始」那就錯了。這一以「風流」聞名的小動物，在每年的交配季能持續性交十四小時。牠們以「極樂致死」聞名：在長時間馬拉松式交配過後，袋鼩會出現脫毛、內出血、免疫系統崩壞，並在很短的時間內死亡。有袋動物是一個非常成功的群體，牠們聰明地解決了在地球上極苛刻的環境中生存與繁殖所提出的挑戰。在近代進化史上，一些關鍵基因的突變，使得袋鼩從連續生育轉為爆炸性繁殖。有一些成功存活下來的動植物，都繼承了與袋鼩一樣的生存方式。在動物中，有兩種頭足綱軟體動物地中海章魚和烏賊，牠們在產卵之後不久就失重和死亡。從牠們的視腺中釋放出的一種激素使之變得厭食，由於牠們的消化道退化了，所以根本不能進食。求愛的雄性舞蛛也會很快衰老，與流行的看法相反，牠們通常並不是被更大、生存更久的雌蜘蛛所殺死，而是死於飢餓和衰老。

最為人們所熟知的爆炸性繁殖和衰老的例子，是太平洋鮭。牠們一般在大洋裡生活四年，之後無論雌雄，都要回到出生地去產卵。這種溯源的堅定信念，充滿了傳奇色彩，當牠們產下卵子和精子後，雌魚和雄魚會很快翻轉死去。

在對物種有利的理論之下，為什麼鮭魚要在產完卵後死亡的解釋是，牠們在產卵的河流中死亡，屍體腐化後變為養分，魚卵孵出來的小魚得以生存，長大才能游回海洋去——「肥水不流外人田」。這是假設了鮭魚父母屍體腐化分解後所釋放出來的營養，只有牠的小孩享受到。但是，如果父母的死亡和屍體的腐化分解，是對別的小魚有利呢？那麼這種死亡就是增強了其他競爭對手的生殖力。一個接受別人無私的犧牲才能存活下來的個體，會留下比犧牲者更多的後代——而很快，這個自私的、新的壽命基因，就會變成一個普遍共有的基因。

比這更可能的解釋是，用第三種演化理論的角度，是在繁殖和衰老之間的抉擇。當環境惡劣時，要維持一個適當的生殖環境，是很困難的，而且不大可能有第二次生殖機會。太平洋鮭與急流搏鬥，只有少數能夠活著再游回出生地。牠們應該把所有精力用在生殖上，因為不大可能產完卵後還能活著游到海洋，明年再游回來產卵。牠們一進入淡水，就停止進食，衰老就開始了。在生命的最後日子裡，太平洋鮭出現了皮質類固醇的過度分泌，導致大腦衰退。這些激素也加劇了內臟器官的異常。在生命的最後幾小時中，鮭表面開始有真菌生長，本來這在平時是可以抑制的，而這時牠的免疫系統已經衰退。

但什麼時候死與真正可以活多久，是兩回事。正如試管也有碰到意外的機率，比如被人失手摔碎，雖然它的壽命永生。梅達沃說：「衰老是家養的人為結果，這種結果只有通過實驗使動物躲過牠們的天然捕食者和日常的生存危險才能被發現和揭示。」我們的祖先很少有能活到老年，外傷、寄生蟲病、飢餓……都會帶來死亡，它們現在也仍然是野生動物死亡的常見原因。鳥類雖然事實上可以活得比較久，但野外生活是一場對付飢餓、捕食者和寄生物的戰爭，我們的周圍環境中，時時刻刻在發生著鳥類世界的大屠殺。「在生命的每一個層面上都得靠運氣。」必須有適當的基因、適當的環境。必須不會被車撞倒。「即使生物學上的完美之物，也會被閃電或馬車所擊倒。」

梅達沃的理論，自二十世紀中期獲得了越來越多的支持。一九五七年，密西根大學的威廉斯（George Williams）在《進化雜誌》上發表文章，認為：衰老是生命的一種特異特徵，每條生命都攜帶著這樣的基因，它們幫助其成長完成繁殖，再扭頭轉向，背叛這條生命，將其毀滅。年輕時有益的基因是首選，「自然選擇可以說是偏心的，無論何時發生利害衝突，它總是支持年輕者反對年老者。」在人的壽命期間，存在一個交易的平衡：一端是成功生殖，另一端是疾病和殘疾。生殖優勢總是為先。如果一個基因在年輕時使更多的鈣沉積於骨中，可能加強骨骼並增加撫育後代的成功性，但如果這個基因在整個生命中持續作用，它有可能在最後階段有害，造成身體其他部位比如增加血管的鈣化，造成動脈硬化。身體對短期感染的反應在年輕時幫助快速恢復，而它造成的炎症則潛伏下來，在晚年導致一些疾病的發作。

葉慈曾說，我們每個人被迫在生活圓滿與工作圓滿之間進行選擇。我們的基因選擇了「工作圓滿」——繁殖後代的工作，而不是「生活圓滿」——安度長生。物種的最大壽命，取決於在保養體細胞和產生生殖細胞之間的競爭結果。在自我保養與生殖之間作出選擇，這兩者間的平衡，決定一個物種衰老得有多快以及它的最大壽命。生命精密地規畫了成長，對衰亡卻沒有任何計畫。發育與出生在精細規畫之下，但死亡卻相反。衰老是整個維護系統的逐漸失靈，整個一生中，身體都不斷修復受損ＤＮＡ，清理自由基造成的破壞，趕走細菌，解除毒素，凝結血液，修復斷裂的骨骼，阻止不安分的細胞無序繁殖……混亂，無序，沒有章法。

## 六、關於衰老的七環遊戲

達文西曾說：「沒有證據表明存在著單個基因或基因群，能特異地決定一個物種的成熟階段的生命期限。」

任何人都不應屏住呼吸，等待「人類基因組計畫」帶來一個簡單答案。等到讀懂所有的基因，關於衰老的生物學，我們可能仍然大部分都不明白。因為更大的複雜性，不在於DNA密碼，而在於蛋白質在細胞內的行為，細胞之間如何通過激素和其他信號進行交流。

關於衰老的具體機理，至今為止有幾類被廣泛討論，與衰老的關係也相對確定。它們是：DNA突變、自由基、細胞凋亡、端粒、激素。這幾點，幾乎在演化生物學家的幾大理論中都有涉及，也在日常的科普文章中碎片化地出現。

機理之一，DNA突變已經被談論得比較多了。那些將造成不良影響的基因突變，將我們變成「遺傳垃圾箱」。那些延遲到相當晚才表達出來的基因，表達得越晚，被自然選擇淘汰的可能性就越小。

機理之二，自由基被認為是造成衰老和諸多疾病的主要原因之一。在身體的新陳代謝過程中，產生著自由基，同時也有一套有效的自由基清除系統，維持體內自由基的正常水準。隨著年齡的增長，這種平衡會改變，人體內自由基水準呈增長趨勢，自由基清除機制卻呈退化趨勢，結果人體內的自由基大量積聚。為什麼自由基會對身體造成損傷？這是因為自由基含有不成對電子。不成對電子，使得這些分子極不穩定，與其他物質反應生成新的自由基，從別的分子搶電子來跟自己配對，損壞了別的分子。這個電子穩定了原來的自由基，卻製造出另一個自由基……一個惡性循環的連鎖反應，細胞因此受到傷害。

這其中，最有名的是超氧化物。人體新陳代謝產生能量以維持生存，每個細胞每隔幾秒就會受到「氧化侵襲」，產生反應性強的氧化劑，與動脈硬化、癌症這樣的老化改變有關。超氧離子是一個自由基，一個氧原子帶有一個未成對電子。自由基特別是氧自由基的促衰老作用，已有許多研究支持。抗氧化酶類的缺乏，是短壽的重要分子基礎。超氧化物歧化酶（簡稱ＳＯＤ），能把名叫超氧化物的自由基，轉化為氧氣和過氧化氫，保護細胞免受自由基的損傷。另外一種基因編碼的酶，即過氧化氫酶（簡稱CAT），能捕獲過氧化氫分子並迅速將其轉化為氧氣和水。這兩種酶是生命的保護者，它們在人體內的表達水準，可能與是否長壽有密切關係。

機理之三，在衰老過程中，自由基引起大量的細胞衰老和死亡，許多屬於細胞凋亡（apoptosis）。機體衰老過程中具體到細胞水準的衰老性死亡，就是細胞凋亡。凋亡如何被啟動和調控？體內過量自由基的堆積，與此有關。所以，自由基與衰老的老年退行性疾病關係密切。在衰老過程中，自由基、突變、其他刺激啟動細胞凋亡的分子機制，是目前許多研究的重點。

關於衰老和長生的機理還有一個熱點，是端粒（Telomere）。這是一段核苷酸序列，在染色體末端，這一特殊結構對於細胞的壽命很重要。端粒的長度，會在細胞分裂時受到損耗。端粒變短，染色體變得不穩定。不少研究正在尋找保護端粒或使端粒增長的方法。端粒酶在正常人體組織中的活性被抑制，細胞端粒會隨著分裂次數的增多而縮短，能夠完成細胞分裂的次數受到限制。癌細胞中，端粒酶被激活，細胞可以無休止分裂下。端粒酶活性，影響端粒的長短，端粒的長短影響細胞的增殖和壽命。

機理之五，內分泌功能減退，也與衰老有關。曾經的「復壯派」認為，性激素是包治各種病痛的靈丹妙藥。對老人進行雌激素與睪酮的替代療法，會首先閃現腦中，但這不是我們所能調節的唯一激素。人們至今還抱有希望，找到一種能一網打盡那些與衰老有關的神秘病痛的新激素，但它極可能是最早發現的諸如生長激素等舊激素的新應用。還有松果體分泌的重要激素：褪黑素（melatonit, MT），抗氧化作用製劑中的一種，有強大的自由基清除作用。

有一位哥倫比亞大學的神經科學家，他自己的研究課題之一，是如何誘使溶酶體更好地處理引起神經變性疾病的垃圾。但他自己和大部分研究者仍然覺得，相比較研究衰老，研究對具體疾病的治療方法更為迫切，比如精神分裂症、自閉症、帕金森氏症……這是他們一直以來所秉持的世界觀，也代表了大多數老派科學家的想法。從根本上來說，如果不考慮各位科學家研究打出的旗號，他們都在從事治療衰老的方方面面的研究，都在各自的點上忙碌，但不是整體研究。

在英國，有一位傳奇科學家奧布里·德·格雷（Aubrey de Grey）則不然，他提出了「工程化抗衰老策略」，號召修復生命鏈條中的七個脆弱之環。

這位科學家留著長鬍子、瘦削、衣著簡樸，懷著滿腔熱情鼓吹人可以活到千歲，認為永生是最基本的天賦人權，也是人類生命最美好的形式。他在TED上的演講，題目是〈一張終結衰老的路線圖〉。這位英國劍橋大學的「千歲教授」還來過中國，做過一個題為〈抗衰老活千歲〉專題演講。他的長壽研究走的是工程師的路線。他認為，人之所以會衰老，是因為隨著時間的流逝，人體細胞的新陳代謝不斷累積的「垃圾」導致。身體如同是一台複雜的分子機器，運行時會出錯，或產生有毒的肥料而不能及時清理。那些錯誤非常細微，那些廢料處於微觀的層次。也許解決衰老的方法，不過是清潔工程。身體就像房屋與汽車，我們要做的是保持清潔與修理。

比如皮膚膠原蛋白在細胞外互相交聯糾結，形成皺紋；衰老的細胞堆積在關節軟骨組織，造成退行性關節炎；膽固醇在動脈中沉積下來形成脂肪沉積，造成心臟疾病……形象地說，衰老就是一場垃圾災難。如果我們能找出所有引起人類組織器官衰老的「垃圾」，然後為它們設計清理方案，就能阻止疾病發生。他把這種方法稱為「工程化抗衰老策略」，號召修復生命鏈條中的七個脆弱之環。

他已經提出了修復其中六個脆弱之環的方案。

對於細胞之中的垃圾，我們可以激發細胞的垃圾處理系統，使其更為出色地完成清潔工作。從原則上來說，這可以治療帕金森氏症、老年癡呆症等。第一個脆弱之環被修復了。

對於細胞之外的垃圾，我們可以激發身體的免疫系統。那將可以治療心臟病，並且可以預防中風。第二個脆弱之環被修復了。

對於粒線體中的麻煩，可以將一系列健康的粒線體基因注入細胞核中，以此來防止老化的細胞喪失能量和逐漸崩潰。第三個脆弱之環被修復了。

對於我們交聯的、糾纏的、紊亂的蛋白質，可以找到剪斷聯接的藥物。人體的身體，再不會變皺或者破裂，無論是在體內還是體外。這是第四個脆弱之環。

當我們越來越老時，我們的一些細胞逐漸慢下來，並且進入沉睡狀態，我們可以訓練我們的免疫系統，將它們清除乾淨。第五個脆弱之環也解決了。

一些細胞死了，它們的屍體放出毒素，污染了它們的鄰居，免疫系統可以將它們清除乾淨。這是第六個問題。

但對修復第七個，也是最脆弱的那個，他目前仍然絕望，那就是癌症。

人體中有數以兆計的細胞，每一個都可能會發生日常的變異，錯誤會逃離控制。對於這些數以兆計的細胞中那一個出了問題的細胞，我們需要的是一個「校對工人」。人一旦開始形成腫瘤，作為凡人的生命的鏈條，就開始斷裂。與目前生命演化提供給我們的「校對工人」相比，一些再生藥物的預言家提出我們可以製造更為出色的「校對工人」。但這位科學家認為，我們不大可能在「校對」這件事上，做得比大自然目前做到的，更為出色。假設，我們將會無限期地活下去，那麼，我們的「校對工人」必然十全十美。他能逮住任何一個單獨的變異。——這看上去是過於高端的一種秩序，很難在人間實現。並且，一旦一個腫瘤細胞逃過了「校對」，它將肆無忌憚地變異、發展。

但如果不能治療癌症，也就無法征服衰老。因為其他六環所能做的非常有限，將衰老的每種其他疾病都消滅，人只能多活幾年。人們對於任意六種解決得越好，對於第七種，需要忍受的痛苦就越大。現在已經開始露出徵兆：我們活得越久，我們患上癌症的可能性就越大。我們活得越短，就越有可能避免它。正如一位腫瘤學家所說：「逐漸增加的年齡，是最厲害的致癌物質。」

——而人類，怎麼可能永久性地治好癌症呢？

這個問題困擾著「千歲教授」奧布里的「七種致命之物」的理論。他有時也害怕：「為了在新陳代謝的大洪水中倖免於難，以進入一個永生的未來，我們建造了方舟。然而任何方舟都可能會撞擊到變異之絕壁上而粉碎。」

現在，如果你隨便上網，搜索關鍵字「老年病學」，至少能找到兩萬多篇相關研究文章。它們都在尋找那些可以延緩、中止，甚至扭轉衰老的原因。

如同紙上的文字並非閱讀的最終目標，文字能引起讀者的興趣，是因為文字是無形意義的有形承載者。醫生測量脈搏、解剖肌肉或是觀察核磁影像時，所著重的是要理解身體所表達的意義。醫生試圖由看得見、聽得到、摸得著的身體表達，進而理解看不見、聽不到、摸不著的生物真相——從外顯的徵象回推至其秘密的生命來源。「但事實是，並沒有一條特別存在的路線可供回推，而且也沒有固定而明顯的徵象。在人類認知的有限以及生命現象的廣博之間，一直都隔著一道巨大的鴻溝。」

無論如何，衰老是迄今為止在這個世界上最普遍的死亡原因。這一門研究長生的科學，還非常年輕與混亂，現在去撰寫批判史，時間太早。

## 第五章

# 父親的腦、時間感和記憶

阿茲海默「帶著它特有的悲傷與戰慄」，受害者的「自我」在肉體死亡之前，很早就凋敝。阿茲海默病人無法在面對疾病時保持自知、對自己有所掌控。活著變成了慢性失去的過程，並徹底把自己遺忘。

## 一、一份夾在情人節包裹中的報告

第一次看見作家喬納森．法蘭岑（Jonathan Franzen），是在美國《時代》雜誌的封面。雙眉粗重，黑框眼鏡，濃密的頭髮。他的表情，鄭重其事，老派，還帶些笨拙。在那期的《時代》雜誌，有一篇長長的專訪，讓我得以認識這位生活在眼下、奮力寫大部頭小說的美國古典主義作家——彷彿來自十九世紀的狄更斯。採訪中有一個細節：喬納森為了自己的寫作不受干擾，他的筆記型電腦是不可以連上任何網路的。

喬納森．法蘭岑是十年來唯一登上《時代》封面的作家，被冠以「偉大的美國小說家」。兩本五十萬字的大部頭小說：《糾正》以及《自由》，都是非常老派的寫法。讀完會讓人感慨，今天居然還有人這麼寫小說：它不是極簡主義、現代主義、後現代主義……它用老老實實的筆法，描述著這個世界，去寫一種瀕臨滅絕的、好看的、宏偉的現實主義小說。而現實主義？那來自遙遠的十九世紀，人們讀狄更斯來了解十九世紀的英國。

二〇〇一年《糾正》出版時，他稱「自己」是他唯一的「家」。其時，父親已於一九九五年過世，母親也在前幾年過世，他十四年的婚姻也崩解……這糾結的九年裡，法蘭岑寫完《糾正》，結尾時，他說：「這兩天，我寫完每一章都大哭不已，不知道是否因為它讓我想起人生的可悲片段，或因為我正目睹自己十多年來的人生框架逐漸瓦解，而我必須捨棄放手。」

他後來又出版了一本隨筆集《如何獨處》，它成了我二〇一五年春節的在家讀物，當時還沒出中文版，我迫不及待地買了一本英文版。

現在回想起來，當時為什麼會買？可能是被題目吸引，想看看一位古典主義的老派作家，如何在眼前新春的震耳鞭炮中，鄭重其事地去談「如何獨處」這件事。他在這本隨筆集的序言中說：這本書中所有收進來的文章，有著共同的深層探究：「在喧鬧嘈雜、五光十色的大眾文化中，如何維持個體性和複雜性，即如何獨處的問題。」

然後，我讀到了書中的這篇——〈父親的腦〉。

一九九六年二月一個多雲的上午，喬納森．法蘭岑收到了母親寄來的情人節包裹，裡面有一張粉色浪漫賀卡、兩根巧克力棒、一顆心形的鏤空花紋飾品。此外，還有一份他父親的腦部屍檢報告。（為什麼會將這份報告一起混在情人節禮物包裹裡？按照對自己母親的了解，喬納森猜，可能是因為母親想節省三十二美分的郵資。）

「我記得那天上午燦爛而又陰鬱的冬日之光，記得我把糖、卡片和飾品留在客廳，拿著屍檢報告走進臥室，坐下來讀。」

報告上如此描述父親的腦：大腦重一二五五克，有「額葉、頂葉、枕葉、顳葉的大腦皮質顯現出許多老年斑塊，主要為瀰漫型，極少數有神經元纖維纏結。在HE染色切片中可輕易檢查出雷維氏小體。杏仁核顯現出斑塊、零散纏結和輕微的神經元損傷」。（現代醫學認為，「澱粉樣斑塊」和「神經纖維纏結」，是阿茲海默〔Alzheimer Disease〕患者大腦解剖的特徵。）

在過世前幾年，父親參加過華盛頓大學主辦的一項以記憶與衰老為主題的研究，參與者可以獲得的報酬之一，就是一次免費的死後腦部解剖。喬納森猜，那項研究估計還提供其他的檢測或治療作為答謝，這讓喜愛各種贈品的母親堅持要父親去當志願者。

他回憶父親在退休前健康狀況良好。父親的雙親都活到八九十歲，父親也滿心期望自己能活到九十歲左右，「好看看世事如何演變」。除了吃三餐、見見孩子和打橋牌之外，父親沒什麼嗜好和消遣，但他確實對人間的「敘事」興趣濃厚。他看的電視新聞多得令人咂舌。他老年的抱負就是：盡可能久地跟隨國家和他的孩子們的腳步，見證徐徐展開的歷史。

喬納森翻出母親數年來寫的信件，回憶往事。最早記錄下父親異常的那封信，寫於一九九〇年。「那一晚我被他電動刮鬍刀的聲音吵醒，看看時鐘，才深夜兩點半，他竟然就在浴室刮鬍子了。」此後，父親接連犯錯，忘記關車門、忘記關燈、忘記熄滅爐火、忘記關水龍頭……除了「忘記」，還是「忘記」。

一年後，母親需要做個複雜的手術，要離家一段時間，她擔心讓父親一個人待在家裡。喬納森在母親離家的這段時間裡，去陪父親。在陪伴的五個星期裡，喬納森除了覺得父親有點安靜之外，其餘似乎一切正常，看上去還算不錯。

在父親去世後，喬納森反思，為什麼自己當時會認為「目前一切還算不錯」。

「我們斷章取義，我們在花卉圖案的椅墊上看到表情豐富的面孔：我們一直在填空。」我們的認知，熱切地以片段構建整體。我們可能只看到想看到的，在眾多素材裡，自動選擇能證明我們已存在觀點的那些事。當時的喬納森認為父親還是那個康健的父親，所以他對父親的恍惚和沉默，視若無睹。

另一個反思是從父親的角度。儘管大部分的阿茲海默病人的退化過程，呈現的是穩定的向下趨勢，但父親的衰退不太一樣。他更像是拚盡全力維持自己的「正常」，直到維持不住，再全然崩塌。意志力支撐著他，他下定決心要隱瞞病情。在五個星期的時間裡，他在竭力「欺騙」兒子，家裡有兒子在、有客人在，他就會竭力維持一個不錯的狀態。「我在母親手術期間與他同住的謎，真正的解答或許不是我糊塗，是他發揮了強韌的意志力。」但是，「他騙不了與他共同生活的女人」。

後來，情況越來越糟糕，父親在家附近迷路、忘記如廁後沖廁所、開始認不出自己的弟弟，還會把妻子和母親搞混……

喬納森閱讀了美國作家大衛·申克的書《遺忘》，書中有一個觀點：阿茲海默患者的一個特點是，隨著病情發展，「受害者」的痛苦程度會減輕。因為他們會一直活在永恆的、不會過去的「現在」，短期記憶受損後，「當你彎腰去聞玫瑰花香時，你便不會記得你一整個早上都在彎腰聞同一株玫瑰了。」阿茲海默患者的衰退，與孩童的神經發育正好相反。孩童的發展能力是這樣的：一—三個月時抬頭、二—四個月時笑、六—十個月時不需輔助坐起……這些，正是阿茲海默患者最後失去的能力。我們最後對望著的是「一個一歲的小孩」，他們不負責任，單純地聚焦於現在。

看著父親逐漸變成「嬰兒」，喬納森說，這其實是父親自己最不願發生的事。病發之初，這一疾病切斷了父親的人際聯繫，使他陷入最深刻的壓抑的孤獨。病情繼續發展，它又奪走了成年的保護罩、奪走了可以把不快樂的童年深藏心底的工具。喬納森說，「我寧願他是心臟病發作」。阿茲海默症患者的自我，在肉體死亡之前，很早就凋敝。患病的父親，有一次大聲地說愛他的妻子。「這是我唯一一次親耳聽到父親說他愛她。」

當父親真的與世長辭時，喬納森反而相對平靜，「以阿茲海默症的慢動作模式，家父此刻並沒有比兩小時、兩星期甚或兩個月前死得更徹底。我們只是失去了最後一個部件，我們得以構造完整生命的部件之一。關於他，不再有新的記憶。現在我們只能訴說，那些我們已經說過的故事。」

## 二、一路失去的藝術

「你叫什麼名字？」

「奧古斯特。」

「貴姓？」

「奧古斯特。」

「你先生的名字是？」

「我想是奧古斯特吧。」

一九〇一年，年輕的德國神經病理學家阿洛斯·阿茲海默，在一位名叫奧古斯特的五十一歲婦女身上看到了全新的精神疾病變種。她飽受異常情緒波動和嚴重失憶的折磨。以上是他們之間的對話。

四年後，這位女病人過世，阿茲海默使用了顯微鏡學和組織染色的技術，在她的腦部組織抹片中可以看到驚人的雙重病理：無數看似黏稠的「斑塊」堆，無數被神經元纖維「纏結」吞沒的神經元。這一病症，後來以發現者的名字命名。

差不多五十年後，另外一位美國神經病理學家研究了二百一十位老年癡呆病人的大腦，除了在極少數人腦中發現了動脈硬化，大部分的腦組織切片，都能看到「斑塊」和「纏結」。但是當時的科學界，還沒有準備好去接受老年癡呆可能不只是自然的老化。那是二十世紀五〇年代的美國，還沒有出現具有自我意識的「老年人」群體。美國南部那些氣候溫暖的陽光帶，也還沒有出現爆炸性擴張的退休社區。直到七〇年代，詮釋老年癡呆的社會環境條件才開始成熟。

越來越多的人，開始活得很長。癡呆症患者數量開始迅速上升，成為富裕國家中的「灰色定時炸彈」。有五十多種大腦退化的疾病，統稱癡呆症。阿茲海默氏症是老年人所患癡呆症中最常見的一種，排在第二位的是血管性癡呆。隨著年齡增長，如果沒有因為其他疾病死去，患上癡呆症的概率就會提高。五十五歲以下人群中患有癡呆症的百分比，約為0.3%，九十五歲以上人群中這個比例提高到了43%。在人類的自然終老階段，不少人最終都會患上癡呆症，老人們被宣布為「精神病人」，而不是「具有認知障礙的老年人」。美國前總統雷根死於阿茲海默氏症，愛爾蘭著名作家愛麗絲・默多克（Iris Murdoch）也是，荷蘭女王朱麗安娜還是。

二〇一五年。美國女演員茱莉安・摩爾（Julianne Moore）憑藉電影《我想念我自己》（*Still Alice*），獲得奧斯卡金像獎最佳女主角。看這部電影，是在香港。在微寒的空氣和稀疏的雨絲裡，我去了油麻地附近的百老匯電影院。天氣與這部電影的蕭瑟料峭有些吻合。之前查排片，並沒有幾家香港電影院會放映這部電影。

如同好幾次看電影的經歷，座席裡的觀眾比銀幕裡的演員要少得多。在稀疏的觀眾群裡，我看到了坐在前排的導演許鞍華，一貫的樸素打扮，腳上一雙暗黃色高幫UGG靴。

「我母親八十多歲了，常常很多事不能自己料理，我覺得，人老了，最痛苦的就是活得沒有尊嚴。」許鞍華曾說。不知她是作為導演同行，還是感同身受的你我人世普通一員，來看這部與阿茲海默病有關的電影。就在不久前，她剛拍過一部緩緩流淌的與衰老有關的電影《桃姐》。

隔天，與友人在西貢一家臨海漁村海鮮餐廳裡，看著窗外海水，寬闊大堂裡只有零星幾桌，我說起這部電影：主人公的語言學身分、關於「失去的藝術」的一次演講、給自己錄製的服藥自殺指導的視頻……與我剛讀過的喬納森的〈父親的腦〉

前後呼應。

這部電影改編自小說《我想念我自己》，題目讀來意味深長。片中的愛麗絲，五十歲，哥倫比亞大學的語言學教授（茱莉安．摩爾飾），發現自己得了罕見的早發阿茲海默氏症（Early Onset Alzheimer）。其時，事業和家庭平靜美滿。

曾經的她不僅熟悉語言，還研究語言，剖析其中學問，「著迷於研究人與人之間用語言進行的溝通」。但患病後的她，喪失了引以為豪的語言駕馭能力，課堂上忘詞，學生們給差評。外出慢跑時，竟在熟悉的大學校園裡迷了路。

她面對著記憶喪失引起的生活窘境，承受著「自我」逐步遺失的心理壓力。知性、能言、思辨……統統失去。她漸漸失去自理能力，失去尊嚴，失去「獨立的自己」。

阿茲海默「帶著它特有的悲傷與戰慄」，受害者的「自我」在肉體死亡之前，很早就凋敝。與有些疾病不同的是，阿茲海默病人無法在面對疾病時保持自知、對自己有所掌控。活著變成了慢性失去的過程，並徹底把自己遺忘。

電影中，受過高等教育的女主角，力圖用各種智性工具的周全準備，為自己彌補遺忘的現實。

她在手機中記下各種備忘資訊，她給自己做各種提醒。甚至，她為自己錄影，告訴自己如何在那一個時刻到來時，如何找到二層臥室抽屜裡的安眠藥，如何自殺。視頻的開頭是「嗨，你好，我是愛麗絲……」這是現在的自己對未來那個時刻的自己放映的視頻。鏡中如同陌生人。

她代表病人群體的題為〈失去的藝術〉（the art of losing）的發言中，引用了美國女詩人伊莉莎白．畢肖普（Elizabeth Bishop）的詩句，關於失去的藝術。

「大概明天我就會忘記了，但在這裡演說，對我依舊意義重大。它使我想起了過去那個雄心壯志的自己，那個精通言語交流、魅力四射的自己。」

她用筆給自己講過的話做標記，以防忘記。「是啊，也許明天，我現在講的這些話也將忘了，哦，不是也許，是一定。」自患病以來，她一直都在體會「失去的藝術」，慢慢忘記五十年來積累的事業、人生，慢慢地將自己忘記。

「我們怪異的行為、沒有邏輯的怪話，改變了別人對我們的看法，改變了我們自己對自己的看法。我們變得不可理喻、沒有自理能力、滑稽可笑……但這並不是我們本人，這是我們的病。」

終於到了這一天，她因為找不到廁所而失禁，孩子一樣哭出聲。

當「忘了所有的這一刻」到來時，她打開自己事先錄好的視頻，看視頻中的那個自己（一個陌生人）在講述資訊，「去二樓，去櫃子裡打開抽屜，將那瓶藥整個地吞下去。記住，別告訴其他人。」只是，當這一刻真的到來時，她卻在前往拿藥的路上，忘了自己要幹什麼，最後快要吞下藥片時，又被突然出現的管家打斷。

在尊嚴還沒有喪盡時，不如做個了斷，選擇一種結束的方式？可這時，病人可能連自殺的能力都已喪失。

她有三個孩子，其中一位熱愛表演，並在《天使在美國》（*Angels in America*）劇組裡飾演一個角色。美國編劇東尼・庫什納（Tony Kushner）創作的《天使在美國》，是一部七小時的晦澀話劇，涉及議題廣泛：種族、宗教、政治、愛滋、性取向……在電影快結束時，女兒對媽媽讀著自己的角色在劇本裡的獨白。

那些語句對於媽媽來講，只是音符罷了。

女兒問：「這部劇是什麼意思？」

此時女主角不復以往的睿智，傻傻地笑，看著眼前的小姑娘說，「Love」。

## 三、不同於水螅，我們必朽但擁有記憶

喬納森在〈父親的腦〉這篇文章中如此反思：

「預期壽命雖然在延長，但是與疾病相伴，沒有患上疾病的時間卻在縮短。身體喪失功能的預期時間，也在延長。」

壽命延長，也許一併收穫的是「比精力更長久的部分殘疾」。如果人生的最後十年是在病床上苟延殘喘度過，這樣的長壽是否值得嚮往？醫學雖然放慢了走向死亡的步伐，卻沒有在相應程度上減緩衰老。一種駭人的可能是：癡呆和其他獲得性精神殘疾成比例上升。

那麼，又該如果看待「記憶」本身呢？不論是在生命終結時記憶才消失的個體，抑或是像阿茲海默患者在生命中途就開始退場的記憶。

當父親真的與世長辭那一刻到來時，喬納森反而相對平靜，因為這是一場慢動作模式的告別，「家父此刻並沒有比兩小時、兩星期甚或兩個月前死得更徹底。我

們只是失去了最後一個部件，我們得以構造完整生命的部件之一。關於他，不再有新的記憶。現在我們只能訴說，那些我們已經說過的故事。」

回到喬納森的本業，他感慨：或許，文字才是用以抵抗記憶消亡的最好方式吧。而現今文化中，「後現代口述的再起和書寫的衰落——打不完的電話、轉瞬即逝的電子郵件、對閃爍不定的電視堅定不移的熱愛」，又將在未來如何對抗記憶的消亡呢？

是的，在這一章，並不僅僅談論阿茲海默症，也要探究與人的大腦有關的一個詞——「記憶」。那就從人與水螅的不同，從「記憶」這個迷人的東西開始吧。

十億年前，一些單細胞開始聚在一起，形成多細胞的有機體。

一些最早形成的生物群體，是今天海綿的祖先，牠們是非常簡單的生物群體，牠們是不朽的。牠們的衰老可以忽略不計。

其他的早期生物群體，今天「刺細胞動物」的祖先，是生命之樹的另一個巨大分支，其中包括水螅。

「刺細胞動物」有兩種形態：水螅型珊瑚蟲和水母。水螅生活在淡水中，其他大部分刺細胞動物生活在海洋中，牠們是：海葵、珊瑚、刺水母、海筆、立方水母。牠們有神經和肌肉，一些還有眼睛。上千種這類動物中，大部分都不會衰老。牠們可以從一小片中重生，有時甚至可以從一些分散的細胞中復活。當海綿和刺細胞動物長出新細胞後，牠們會拋棄舊細胞。那些舊細胞中累積的垃圾消失不見，新細胞重新開始。在這些動物中，細胞雖然變老、死亡，但動物的身體一直存活著。

水螅身體的大部分，由還沒有徹底分化的幹細胞組成。這些幹細胞有持續分裂的能力，因此水螅的身體處在不斷更新的狀態。水螅的觸角和足內的分化細胞，被不斷剔除，被從體內「游」來的新細胞代替。

《留戀人世》一書的作者，採訪了倫敦大學的優秀生物學家馬丁．拉夫，在他看來，衰老並不是一個多有趣的生物學問題，這個問題基本已經解決了。他說，水螅不會變老，原因是因為牠的細胞不會待在身上太長時間。細胞總是會重新被造出，然後從觸手的尖端脫落。如果我們全部的細胞和大分子都能變成這樣，那麼我們也不會變老了，因為對細胞和分子造成的氧化傷害會被消除。但大部分動物植物中都不像這樣。拉夫說：「想要阻止氧化傷害，或者永遠抑制它的發生，對此我十分悲觀。這看上去非常不可思議。」

有一些研究者正在研究水螅，以獲取使得人類長壽的新方向。

另外一些理論看向事情的另一面：水螅是地球上的「長生不老者」，是地球上最早的一些多細胞動物。與同樣演化出來的必朽動物比，「必朽」有什麼優勢？是的，我們必朽，但我們擁有「記憶」這件禮物。

這是「必朽」與「記憶」之間，帶有張力的兩面。這是在《留戀人世》書中非常有趣的一個觀點。

水螅有神經網，但沒有大腦。牠們會像擺脫牠們皮膚和肌肉的細胞一樣，拋棄牠們的神經細胞，再長出新的。隨著丟棄的細胞，也同時喪失了記憶，這就是牠們為「重生」付出的代價。

精緻微妙的「神經之林」，將我們人類所有的長命的神經細胞聯繫在一起，構成「神經系統」，這是一個重要的創造。它使得我們可以儲存越來越多的信息。長命的神經細胞，可以使得它們擁有歷史記憶，便於從經驗中學習，帶著經驗走向未來。神經系統進行思考、感知和想像，從而控制著人的性格和行動。「如果將其全部替換掉的話，這個人就不再是他本身了。」

我們所說的「肌肉記憶」，是我們的肌肉和神經在長期運作中儲備的複雜模式的組合。也許，動物的極為「複雜」和「優雅」的行為，大多歸功於牠們長命的肌肉纖維和神經。

這個創造，可能也造就了生命形態的豐富多彩。

儘管水螅活得比牠的神經細胞長久得多，但牠丟棄神經細胞之時，就將自己的經驗也丟棄了——而如果神經系統中的神經可以持續一生，通過牠們，我們就可以有一生的記憶。

我們骨髓中的細胞，腸壁的細胞，它們不停地分裂，在它們之中聚集起來的垃圾都被一遍一遍地稀釋，得以保持清潔。通過這種方式，我們的骨髓、腸壁細胞，可以被認為「不朽」的，如同水螅一樣。

神經也是細胞，所有的細胞都會積累垃圾和損害。它們會老化，但它們不可能被替代。我們大腦中高度專業化的細胞是必朽的，我們心臟中的細胞也是必朽的。擁有這些長命但必朽的細胞的動物，就會累積損害，最終它們會失效。它會帶來不可避免的衰老。動物生存的環境危機四伏，在牠們自己離世之前，迅速成長、迅速繁殖。地球上大約一半的動物是短命的，那些能找到安全環境的動物，可以將這個進程慢下來，會受益於牠們長命的肌肉和記憶，會變得越來越聰明。在這方面，人比其他物種做得更出色。

這些細胞賦予了我們的「人類身分特徵」，但它們同樣也把我們帶進了墳墓。我們擁有水螅所沒有的，但我們要支付的代價就是衰老，並且我們知道自己會變老，知道自己必死。

衰老，是融在我們血肉中的這一必朽基質，也使得在地球上存在「人之為人」的這一種類。

我們喪失了可以無限活下去的機會，喪失了可以無知地活著的可能，但是，我們獲得了「記憶」這個禮物，記憶將持續我們整整一生，在阿茲海默症這樣的疾病將它帶走之前。

## 四、「失去秩序的雲堆」裡與父親共寫

電影《我想念我自己》，講述了一個「一路失去的藝術」與「我想念我自己」的故事。同樣是與「阿茲海默症」有關，在西班牙動畫電影《皺紋》中，患此病的

老人之間則有著小小溫情。比這些早四十年，拍攝於一九七三年的日本電影《恍惚的人》，逼真地描述了老年癡呆的晚年光景，面對父親越來越恍惚的現實，子女只能在惶恐中對付接踵而來的日常瑣事，一點點被消耗，疲憊到連婆婆猝然去世都無法調動情緒哭出來……不少日本人，也是因為這部《恍惚的人》，開始了解老年癡呆症，它揭開了步入老齡化的日本社會的現實一面。

作家賈西亞．馬奎斯有個比方：父母是隔在我們跟死亡之間的簾子。當你的父母去世了，這個簾子被揭開，你才能直接看到死亡是什麼。

對於目睹老年癡呆的父母的人們來說，這個過程則開始得更早，持續得更長。因為這種病，減緩了死亡的速度，如同一場慢動作告別人世的征程。它像一個稜柱體，將死亡折射成一道各個部分原本緊密結合的光譜——自主權之死、記憶之死、自覺之死、性格之死、肉體之死……「衰老不僅是意義的消除，更是意義的根源。」美國作家大衛．申克，在《遺忘》一書中說。

「二〇〇三年七月初，我父親被確診患有阿茲海默症。我閱讀了幾乎所有相關的書籍，但它們都是一些關於這種疾病的書，誰都沒有把患者的自身經歷寫下來。因此，我和父親決定追循疾病的過程，父親告訴我他的感受，我再把它寫下來。」

荷蘭作家斯黛拉·布拉姆從那時起，開始著手寫作《我患有老年癡呆症：我父親的故事》這本書。

患病的父親自述：「我好像生活在雲堆裡，所有秩序都消失了。」似乎在他的腦袋裡，都是一些泡沫塑料。他的腦袋裡瀰漫了厚重的霧氣。到了晚上，白天的記憶就已經蒸發了。健忘像潮汐一樣襲來，這讓他感覺很差。他對辨認物體（包括圖畫和聲音）越來越困難。專業術語稱為「失認」。例如，他認不出餐叉，因此無法吃飯；他聽到門鈴聲，但不去開門；他無法將聲音歸類……

這是一個大腦被攻擊的過程，直到大腦最後只剩下原始容量的三分之一。

這也是一個精神被撕裂、記憶被破壞的過程。

這是第一本由阿茲海默患者參與講述自身經歷的書，它使人們對病人有了更深的認識：「許多人原先以為，阿茲海默氏症患者已失去了意識，但是，讀過這本書後，人們了解到，這些老人往往懷有強烈的情感，他們因表述能力受這種疾病影響，已不能表達自己的焦慮或憤怒的來由。」

作者觀察自己的父親，他的「突發憤怒」是個例外嗎？絕對不是。70—80％的癡呆症病人，時常顯示出發怒甚至攻擊的跡象。這從何而來？在癡呆症文獻中對此有不同的解釋，大概包括以下緣由——疼痛、太多的壓力、無法正常地表達情緒、判斷力和自控力受到疾病的攻擊，導致癡呆症病人對情況錯誤地認識。也有可能在進行身體護理時感覺到害怕和羞恥。因為自己幾乎什麼也不能做，在所有事上都需要別人說明而感到沮喪。

但通常人們會認為這些惹眼的行為，僅僅是大腦退化的後果。現在，人們開始相信癡呆具有深層的心理和社會影響，這些對心理平衡造成了障礙。作者的父親描述，他感覺他失去了對生活的控制，對此他產生強烈的情感反應。抑鬱、冷漠、激動、精神變態、幻覺、不安……都會出現。

病人其實深受困擾。他們需要什麼？與父親共寫的作者說：「他們與健康人有同樣的需求，他們需要安全感，同時也希望能行動自主。在這些方面，與沒有記憶問題的人一樣。但疾病給他們帶來了局限性和困擾，病人表現出的憤怒往往是出於恐懼。儘管有這樣那樣的限制，仍應盡量給他們安排舒適的環境。」但在現實生活中，癡呆症病人碰到很多「偏見」，人們通常認為：患上癡呆症的人什麼也不明白；比別人的價值更少；無法溝通；沒有內在意願；得了癡呆症，就什麼也不能做了……

癡呆症讓生命蒙塵。這個疾病似乎擔負著「禁忌」、「邊緣」的名聲。在一切都圍繞經濟收益的時代，人們似乎很難接受老人的缺陷。出於羞恥心，患有癡呆症的家庭成員被限制在家中，癡呆症像是個不安因素，在老人護理院中，也被和其他老人分隔開來。阿茲海默症承擔了一個關於老年的負面的形象。

就像電影中的愛麗絲演講時說的，病人滑稽的行為、失去邏輯的話語，改變了別人對這個人原有的認知，也改變了病人對自己的認知。荷蘭女王朱麗安娜患病後，家族因此不願讓她出現在公眾場合。是因為覺得不妥嗎？這個社會是否能夠成熟到可以在另一種光譜下看待癡呆症？

阿茲海默症不僅是身體的探訪，還有心理後果。「我已經無法向前或者向後看。如果我在想什麼，它們會一眨眼就溜走。」巨大的空虛。記憶只剩下一些斷片，毫無意義地出現，然後又立刻融化。對於作者的父親，思想是「空洞的思考」。他無法面向未來，甚至連當下也是一個巨大的問號。他在哪裡？為什麼？瞬間眨眼就飛過，一個瞬間也無法抓住。他存在於一個絕對的、擊倒所有一切的混沌中。如何才能在這個令人恐懼的真空中不失去控制？沒有什麼可以給他以支持。「人的存在感似乎越來越少。一個人無法獨自承擔這一切。」

作者描述自己的父親，並不害怕死亡，甚至渴望死亡。「他不願意給我增加負擔。他和巨大的自責在鬥爭：他把我，他的女兒，帶入一場毫無希望的冒險。」他的能力依次被破壞：智力、溝通能力、吃飯的能力、走路能力、思考能力、閱讀能力、書寫能力、機器操作能力、繫鞋帶的能力、想起自己名字的能力……

「這是一場我注定要輸掉的戰鬥。」作者的父親在患病初期就說：「癡呆症這個圖章是個免責信，患者所有公民權利都被拿走。」他們的自由和私生活、指示和自決的權利……都被拿走了。他們中的許多人都被綁起來了，或者接受致命的藥物的治療。癡呆每天都要和數不清的障礙做鬥爭。他們一天中大部分的時間都很無聊。他們在晚上帶著濕透的尿布睡覺（不過當然，他們其實並不知道）……

著名作家艾麗絲．默多克是世人公認的「金頭腦」，晚年也是一位阿茲海默症患者，在獻給愛妻的書中，其夫寫道：

醫生指著她的腦部CT，解釋那一片已經萎縮、退化的地區，讀來令人歎息，曾經「閃閃發光的黃金頭腦熄滅了」，小說家的腦子一片空白，航向黑暗。

# 五、「時間飛速戰車」，把未來拉近當前

作家簡媜，曾描述開始失憶的阿嬤：

——靈性流失，肉身仍在。之前出現的記憶力衰退、話題重複、情緒暴起暴落，已屬小節，阿嬤失去時間感，如同巴西亞馬遜叢林裡的「亞蒙達瓦」部落，沒有時間概念，無法分辨過去與未來。她進入嚴重的日夜顛倒狀態，夜間不眠而自言自語，時有吵鬧，變成「夜行性動物」，彷彿體內另有一個叢林部落的持矛勇士，跳出來狩獵，讓照顧她的看護苦不堪言。親人相對，呼吸猶存，但相忘於世間。

四十歲之後，我們就會開始遭遇「健忘」的時刻，那種翻遍腦海就是想不起一件事、找不到一個詞的時刻……抓抓頭，感慨自己「腦子不好使了」。健忘，它帶

有與「衰老」關聯的凜冽的暗示作用。似乎人人難逃這樣的軌跡：隨著時間的流逝，我們的心智能力將有明顯的衰退。

但這種記憶流逝的片刻，是不是衡量心智能力衰減的唯一途徑呢？有各種各樣的指標，來量化一個人的心智能力。從簡單的注意力持續時間、記憶、語言能力，到如何做出複雜決定……都與心智能力有關。老年人，在很多心智功能方面確實會衰竭，比如：應付多重任務的能力，學習新知識的能力和速度。某些老人會患上癡呆症。但老年人也可以在一些方面表現優秀：從他們之前積累的知識中吸取經驗，有效避免冒險或做一些情緒化決定。造成心智衰減的原因，是多種疾病對大腦功能造成損害的共同作用的結果，比如老年癡呆、動脈硬化。

但是並不能一言概之：人越老，就越笨。兩千多年前，古羅馬的西塞羅在他的〈論老年〉中，用自己的例子，破解這一錯誤看法：

> 我現在正在編纂《史源》第七卷，收集各種古代史料、宗教法、民法，還花費許多精力研究希臘文學。為了鍛鍊自己的記憶力，我依照畢達哥拉斯派學者的

辦法，每天晚上反省當天所說、所聽、所行的事。這便是我的智力練習，這便是我的心靈活動。當我在這方面不懈工作的時候，我並不特別感到缺少體力。我幫助朋友，我常到元老院去，我提出經過周密、慎重思考的議案，用心力，而不是用體力維護我的意見。而且，即使我連這些事情也做不了時，我還有一張臥榻可以使我高興：我可以躺在上面思索那些力不從心的事情；然而，我能做那些事情是因為我以往對生活調處得宜。一個經常在這種鑽研和勞動中生活的人，是不會感覺到老年逼近的，而會是在不知不覺之中逐漸進入老境，長時間之後才漸趨泯滅。

對同一個人進行連續多年的心智功能的測量，至少在六十歲前，心智功能都能保持穩定，或者表現出某種大腦功能的增長。

年輕人的大腦，左半球主管邏輯，右半球主管直覺、創造性思考，兩個半球是相對獨立運作的。隨著年齡增加，大腦左右半球之間的交流管道，也在增加。老年人的大腦處理信息的方式，與年輕人不同。在評估信息做決定時，老年人常能同時開啟大腦的左右半球。美國心理學家羅傑・斯佩里（Roger W. Sperry），一九八一年被授予諾貝爾醫學獎，他提出的理論是關於人的左右大腦功能的運作。老年人這種平衡邏輯及情感經驗的能力，十九世紀的醫生、詩人奧利佛·溫德爾·霍姆斯（Oliver Wendell Holmes）早就描述過：「年少而通規矩，年老則曉破例。」（The young man knows the rules, but the old man knows the exceptions.）

還有一些被認為與年齡相關的心智功能差異，實際上可能只是代際差異而已（Timothy Salthouse提過這種觀點）。但在平時，人們往往會把它們解讀成心智功能退化。

一些心智功能，會隨年齡增長而衰退。思考速度、長期記憶、解決問題的能力都會衰退，注意力無法集中，思維變得遲鈍。有時，老年人也會發展出一種心智替代能力，把一些衰退的心智功能，用另一種自己擅長的能力代替。當一位年老的大學教授忘了某個單詞時，由於他的詞彙量足夠大，可以比別人更容易挑選出另一個單詞來替代他忘掉的詞。老年人的反應速度是會下降，但不少老人可以發展出一些技巧，來掩蓋反應速度方面的衰退，比如常用這些話掛在嘴邊，為自己贏得反應的時間，和越來越沉穩的回應形象：「對於這件事，我的想法是這樣的……」「你剛才說的是不是這個意思……我的看法是這樣的……」

在亞里斯多德的修辭學論文中，有一段討論，關於如何與年輕人、老人論爭：年輕人的生命是在期望中而不是回憶中度過的；期望是對未來，回憶則是對往昔。年輕人有長長的未來和短暫的歷史：每個人在出生的第一天沒有什麼可回憶的，只能展望未來。相反，老年人「靠回憶而不是靠希望生活；他們今後的生命比起已過去的要短；希望屬於未來，回憶屬於過去」。

如果我們把回憶等同於知識，把希望和期望等同於想像。知識和想像，類似於心理學家所稱的「固態」和「動態」智力，隨著年齡增加，兩者之間的平衡會變化。有人從經濟學的角度如此闡述：因為與生命終點的距離不同，死亡會縮短人力資本投資的回報期。年輕人比老人更有彈性，老人比年輕人更為呆板。在詩歌、藝術、數學等學科中，真正做出貢獻的往往是年輕人。但在醫生、律師、法官等許多職業，必須通過長期實踐才能獲得經驗，人們不放心一位從法學院畢業的神童去討債。也很難接受太年輕的外科醫生做腦顱外科手術。

隨年齡增長，衰退最明顯的是創造力。愛因斯坦曾說過一句比較極端的話：「一個人如果在三十歲之前沒有對科學做出貢獻，那他將永遠無法做到。」加州大學的迪恩·基斯·塞蒙頓（Dean Keith Simonton）從事年齡和創造力相關的課題研究，他得出一條典型的年齡──創造力曲線：自事業的開始，創造力隨著事業推進迅速上升，四十或四十五歲時達頂峰，然後隨著年齡增長進入緩慢的衰退階段。諾貝爾物理學獎得主有重大發現時的平均年齡為四十八歲。男性古典作曲家們平均會在二十六歲時譜寫出自己的首部重要作品，最佳作品和最高產的年紀約為四十歲，然後進入衰退期，五十二歲時寫出他最後一部重要音樂作品。我們中很少有人能成為特例的大器晚成者：比如，七十五歲後繼續寫作、繪畫、雕刻和作曲。如果深究，這些七十五歲之後大器晚成的產出中，又有多少是全新的創意，而非重複之前已有的想法？

這條年齡──創造力的曲線，特別是下降階段，與大腦神經連接的可塑性有關。使用最多的神經連接會得到加強和保留，其他則會逐漸萎縮。隨著年齡增長，人們通過一生的經歷、思考、感受、行為、記憶形成了一個廣泛的神經連接網。曾經的自我，塑造了我們今天的樣子。雖然大腦在生命始末一直保持著可塑性，但我們無法對神經連接進行重塑，無法用一套全新的神經連接，來取代已經建好的網絡。一旦創造力從早期建立的神經網絡中榨乾，就很難形成全新的神經連接來產生創意，創造力因此會衰退。

老年人的有些表現，不盡然是心智的退化，還可能是某種倦怠感和感官的分離。如同有些我們以為的心智功能退化，可能只是代際差異，只是年輕一代與父輩之間對事情的不同態度。接近退休年齡的老人，常常有種抱怨，他們厭倦了多年從事同一種工作所帶來的呆板、無聊。日積月累的勞累和壓力，也會帶來熱忱度的消失。並不只是對工作本身，對整個生活都缺乏熱忱。身體的能量活力水準，也在影響著熱忱度，到了六十歲開始變得明顯。

感官的退化，也會逐漸使人從環境中分離出來，尤其是視力、聽力的衰退，會大幅降低老年人的心智外在表現，它們使得一個人感到與生活隔絕，活動範圍也大大減小。這讓我們不禁再次回想起日本運動品牌ASICS，它的名字來自這麼一句拉丁格言的首個字母縮寫「anima sana in corpora sano」，意為「健全的精神，寓於強健的體魄」。

如果有一天，醫生打來電話說：科學已經取得重大突破，將給你更多的時間生活，能活到一百歲，也許可能永生，你會去做什麼？

在我們的童年和青年時期，生命的終點看上去遙遙無期。但我們也隱約知道，它就在那裡，死亡也在那裡。我們計畫著這一生如何度過，不如確定地說，我們更多地計畫眼前和接下來這個階段如何度過。有一種把人的一生折成多少小時的演算法，其中睡覺占多少，工作占多少，吃飯占多少……我們可能都見過，但其實對於幾十萬個小時並沒有確切的概念，因為這個數字太大了。我們也並沒有看到這種演算法時就開始警醒，從終點回推時間，用一種更有效的方式分配人生諸多任務去度過每一天。

當年歲漸老，我們被必有一死的念頭困擾，死亡的氣息開始變濃。終點開始從薄霧中顯現，並越來越明晰。這一關於界限、終點、死亡的信息，開始頻繁地籠罩著我們的計算。在人類的諸多抗爭故事中，也正是這一關於界限、終點、死亡的信息，薄霧中顯現並越來越明晰的信息，最能觸動內心深處。

我們不斷目睹身邊的人離世，目睹自己的父母親戚長輩故去。我們從父輩那裡感受到了死亡的困擾。在他們變老時，我們也在調適自己，熟悉變老的那條軌道。「父母是隔在我們跟死亡之間的簾子。」父母去世，這個簾子被揭開，才能直接看到死亡是什麼。

父母的老、病、死，一路陪伴的我們也經歷著老、病、死的初滋味。在〈父親的腦〉中，喬納森．法蘭岑寫道：智慧、明理和自覺，是自己非常珍視的三項能力，但他卻親眼目睹父親一步步失去了這三者。他說：這可能也不都是壞事，看著父親失去這些的時候，他反而不再那麼擔心自己失去它們了。

《紐約客》曾刊有一幅漫畫，一個上了年歲的人讀著訃告：「比我大十二歲……比我大五歲……老天，正是我的年齡……」人終有一死，對我們的生活構成了一種「時間感」。年輕時，我們用各種各樣的事填充生活，將死亡推向盡可能遠的地方。但它仍然在那裡，它有時刺激著我們去追尋終極意義。但如果有一天，我們擁有世界上全部的時間呢？回到開始的那個問題：如果有一天，醫生打來電話說：科學已經取得重大突破，將給你更多的時間生活，能活到一百歲，也許可能永生，你會去做什麼？

「死亡」這一元素，已在我們的身體中埋伏太久、糾纏太久。在中西方哲學的最為黑暗的甬道中，人類已與死亡的問題，周旋了數千年。如果對於衰老的治癒近在咫尺，我們衝向「永生」的思考，將讓思想騰飛，陷入一股激流。因為無論在哪個年齡，大致知道我們處於生命旅程的哪一個階段，這一資訊對我們來說至關重要——它告訴我們接下來該如何去生活。

人生的動力，隨時間變化而變化。當我們相信自己仍有數十年壽命，會投身於冒險，追求新鮮體驗，嶄新知識。當我們相信時日無多，會沉浸在那些對自己有情感意味的往事經歷中，並咀嚼其意義。我們在年輕時，追求成長和自我實現。成長要求向外開放，尋求新經驗，拓展更廣泛的社會聯繫。到了後來，優先需求的排序開始發生變化。年輕人喜歡結識新朋友。老年人剛好相反，交往對象多是親人和朋友，傾向於待在一個小社會圈裡，幾個親朋好友共度時光。當人們意識到生命有限，就會認為，從生命中尋找情感的慰藉和滿足更重要，會將較少精力用於收集知識、擴大視野、為探索未知世界去闖蕩和冒險。

如果我們接到一個「永生」的電話，當我們意識到時間可以近乎無限時，我們的這些排序，就會發生逆轉。理解這個變化，是理解老年的基礎。有各種各樣的理論，試圖解釋這種變化：

——這表現了從漫長的生活經驗之中，獲得的智慧。

——這是老化的頭腦組織，導致認知變化的結果。

——這種變化，是被強加於老年人的，並不真正反映他們內心的願望。他們縮小活動範圍，是因為身體和認知衰退的限制，阻礙了他們追求曾經的目標。或者，由於世界僅僅因為他們老了，就阻止了他們的追求。他們不再反抗，他們接受，甚至妥協了。

美國史丹佛大學的心理學家蘿拉．卡斯滕森（Laura Carstensen）研究老年人的情感經歷，發現：人們沒有因為生活範圍縮小而不開心，隨著年歲增長，快樂程度提高。他們比年輕時更少焦慮、壓抑、憤怒。他們有時也會經歷辛酸悲苦，但總體而言，在情緒方面，生活體驗變得更加滿意了，即便年老縮小了他們的生活範圍。

米蘭．昆德拉的《無知》中，有這麼一段話：「逝去的時光越是遼闊，喚人回歸的聲音就越難抗拒。這樣的說法似乎言之成理，但卻不是真的。人不斷老去生命的終局迫近，每一瞬間都變成越來越珍貴，根本沒有時間可以拿來浪費在往事上頭。我們必須去理解這個關於鄉愁的數學悖論。」

如果需求和欲望的改變，與年齡本身無關，只是與視角有關呢？也是這位心理學家蘿拉．卡斯滕森提出了一個觀點：與時間感有關。

蘿拉在《科學》雜誌上發表了一篇題為〈時間感對人類發展之影響〉的文章：「我們如何使用時間，也許取決於我們覺得自己還有多少時間。」隨著時間的推移，一個人對在世上還能活的時間長短的感覺，發生了變化。

一個人年輕體健時，相信自己會長壽，身強體健，耳聰目明，不擔心失去能力，周圍一切也在暗示他一切皆有可能。他相信自己還有好幾十年的壽命，願意投身冒險，願意延遲享受，去奮鬥，吸收更多的資訊和技能。但隨著時間流逝，視野收縮，開始覺得未來是有限、不確定時，關注點開始轉向此時此地，放在了「小確幸式」的日常小快樂、自己力所能及對付的環境和活動上。當生命的脆弱性凸顯出來，死亡終點從薄霧中模糊可見到愈見明晰時，人的日常生活目標和動機，將會改變。

五年後，我會不時地回想起唐諾給我的第一本小說《九月裡的三十年》寫的序言，反覆多讀幾遍：

如把時間看成一條河流，波赫士說，那時間就有兩種可能的流動方向，或正確地說，我們有兩種完全不同的時間流向感受——一種是我們人人以為的，時間從很遙遠的過去而來，不知不覺穿越過我們，持續向無限遠的未來流去消失，這是一種很透明均勻很無言的時間；另一種，則是英國的詹姆斯·布雷德利首先提出的，他認為事情正好相反，時間是從未來流向現在，而未來成為過去的那一刻，就是我們的現在時刻。這是一種很刺激、很有知有覺的時間，我們會感覺時間是迎面撲向甚至撞上我們的，以一件一件事、一個一個人的具體模樣和品質，我們眼睜睜地看著它，而且，所謂的現在又只是一個數學點，現在是無法存放東西的，現在只一掠而過。這裡，波赫士複誦了希洛瓦的美麗詩句：「光陰就在某些東西已離我遠去的時刻消逝。」

這也是我讀《九月裡的三十年》這部小說的清楚時間感受——時間是一次一次迎面打過來的，一開始也許不那麼快察覺，但越來越確定的微痛感覺，眼睛然後臉上然後身體，發現原來如此。

我以為波赫士狡猾地隱藏了一個關鍵之詞（不直接說出來也許是好的），那就是死亡，這是時間第二種流向的前提。死亡彷彿豎在那裡，未來不再膨膨鬆鬆地伸向無窮處，而是到此為止一堵無法穿越的厚牆，第一種流向的時間撞擊上它，轉為第二種流向加速撲回我們，也因此，這樣的不同時間圖像和感受，又似乎是年紀，就像我們的年齡計算，通常由出生開始一年一年自動累積，我活了多少歲，但有一天，當死亡那麼明確而且逼近，我們也許就倒過來估算了，我還有幾年可以活著。

因為時間感，隨著年歲增長，人的期望也在調整和縮減。當老人體驗生命的「時間飛速戰車」，把將來更拉近當前。從經濟學的角度，意味著貼現率（將來的價值或費用相當於現值的比率）在整個生命週期中是下降的。

年輕人向前看，他們是樂觀的，帶著希望向前看，因此沒耐心。老人是悲觀的，因此他們不著急。隨著年齡增加，人的生活會變得程序化，更多受習慣影響，更少受新奇事物的影響。人們更少被別的東西吸引，更少打斷主觀時間的流動。老年人還有一些明顯的特點，悲觀、自我中心、無聊、吝嗇……都是一種時間感，經濟學的語言，稱為「距離交易終點的時間長度」。

老人一般悲觀，過去的年代更好，眼下「越來越糟」。老人對變壞而不是變好的事情更敏感，年輕人正相反。這從經濟學上是合理的。很多的改善都帶有創新性，老人動態智力下降，難以利用創新的益處，還要付出很高的成本。因此年輕人比老人更容易接受藝術、時裝或生活方式方面的創新。老人卻會認為「創新」是在倒退。

老人比年輕人更「自我中心」，也能從經濟學解釋。社會美德，包括公平交易、可信賴、當一個好聽眾、慷慨、忍耐、自我控制……都是面向交易的行為，有助於在未來進行更有價值的交易。當一個好聽眾，可以減少他人與自己交易的費用，認真聽他人的話可以增加對自己有用的信息。當一個人離「交易的終點」越近，堅持增加交易的德行所帶來的利益就越小，所以看上去更「自我中心」。

老人常感「無聊」。因為長時間做某件事，能夠形成習慣，一旦習慣形成，完成工作的速度可以加快，所做的努力則相對變小。但事物的另外一面是，習慣性的活動會讓人感到無聊。邊幹邊學，可能很快就會遇到回報迅速遞減的問題。一旦習慣性工作變成單調乏味的工作時，回報就可能變成負值。

年輕人一般難以理解老人為什麼為便宜幾塊錢算計。從經濟學上，這其實也是理性的。退休後，人的時間成本低，收入低於之前工作，吝嗇對於老人來說，成本更低、效益卻更高。除此之外，吝嗇還是一種「看我能省多少錢」的遊戲，對於因年齡而失去不少娛樂活動的老人，省錢的遊戲能帶來娛樂，以展示自己的腦力依舊敏銳。

隨著年歲增長，老人也在一步步調適，為彌補智力及體力的缺失，會傾向於選擇那些能使他們得到最多的環境。在自己的社交需求，與稍微下降的體力、腦力反應速度之間，維持一種平衡，使得自己的生活保持在一種相對積極的環境之中。

在前面提到的《單身社會》書中訪問過一位叫迪伊的九十歲老人，她住在紐約哈林區一居室公寓裡，過去幾十年裡，她曾經是一個社會活動家。現在她覺得每隔幾週與城中的老朋友見個面，共進午餐，去博物館，就已經很好了。剩下的時間，她會閱讀，打電話，晚上看一點電視，只要健康允許，每週去城裡逛三四次，盡量在能力允許的範圍內保持活躍。

「人必須活著、工作、思想，並且敢於正視自己不會永遠活在世上。有一天，這個地球將不再存在，到了那時人們所做的一切都不會留下來。」人類學家、也是百歲老人的李維．史特勞斯說過這句話。

八十歲時，當談到李維．史特勞斯的第一本書《親屬關係的基本結構》，有人問：「您如果在今天重寫那本書，您將會怎麼樣寫您的開頭呢？」

他回答：「首先，我不會重寫它，我老了，早已學會謹慎從事，任何題材廣泛的綜合性大課題的研究任務，我都不會再承擔了。」

# 第六章

# 想像活到一百歲

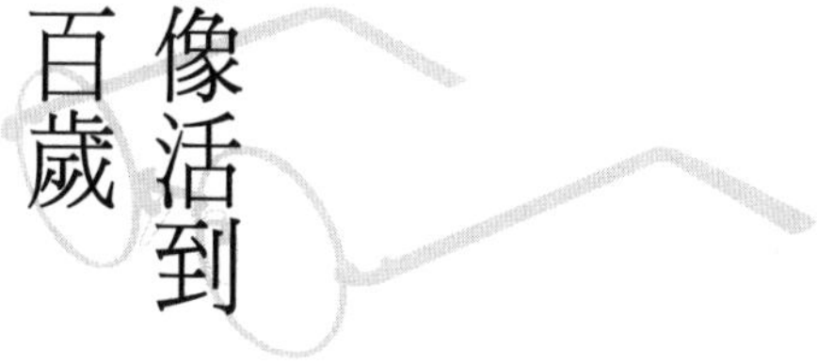

我們所談論的「永生」，完全是另一種的重新定義：人的一生有相當一段時間保持健康、年輕，甚至逆齡生長，是人希望的自己的理想模樣。

## 一、看向二〇二九年人類永生的可能？

W. H.奧登（Wystan Hugh Auden）寫過這樣的詩句：

茶杯中的裂縫張開了
一條屬於死亡之地的小巷。

如果說從前，「變老」被認為是身體和精神兩方面的衰退過程，在今天的科技文化開始成為主流時，變老則開始成為一個現實問題，這個問題可以在科學技術的幫助下解決，甚至將「茶杯的裂縫」重新合上。

二〇一六年四月的《花花公子》（*Playboy*）雜誌，訪問了「永生」的預言和鼓吹者，六十八歲的雷．庫茲韋爾（Ray Kurzweil）。他說今天的生物科技，開始為臨床醫學帶來巨大的革命，在未來一二十年內，它將讓醫學徹底改頭換面，成為

「資訊科技」。我們對落伍、過時的「生命軟體」進行重新程式設計，這些「軟體」，就是人們體內的二．三萬個稱為基因的小程式。通過對基因的重新調校，人們可以遠離疾病、遠離衰老。根據疾病原理，可以添加基因、刪除基因，可以更改幹細胞。當心臟病患者的心臟受損後，運用幹細胞重新給他們一顆新的心臟。

「醫療已成為一項資訊科技，它和其他科技領域一樣，都遵循著同樣的加速回報法則。很快，我們將能重塑體內一切組織和器官的活性，並能開發藥物，直接鎖定一種疾病背後的代謝流程。奈米科技是一個正在超越生物學的領域。」他相信，到二〇二九年，人類將抵達一個臨界點，醫學科技將讓我們預期的壽命每年都增加一年。

關於雷．庫茲韋爾，一般媒體如此描述他：他曾發明盲人閱讀機、音樂合成器和語音辨識系統，被稱為「愛迪生的正統接班人」。他曾獲九項名譽博士學位，兩次總統榮譽獎，美國奇點大學校長，在谷歌任職，帶領一支四十多人的團隊。當然，也有人質疑他其實並沒有任何科研和學術背景，他的那些發明其實無法證實。

也許他是一個偽科學家，但作為一名預言家，可能還是合格的，所以有人叫他「未來學家」。

一九九〇年，他預言「一九九八年，電腦將打敗西洋棋冠軍」，結果一九九七年，IBM深藍打敗了西洋棋冠軍。

一九九九年，他預測十年後，人們將通過語言對電腦下指令。

二〇〇五年，他預言到二〇一〇年代，虛擬解決方案將提供即時的語言翻譯，外語能被即時翻譯成母語，以字幕的形式呈現在眼鏡上。

……

如今回頭看，他在二十世紀九〇年代的一四七個預測，有86%成真。他提出了「庫茲韋爾定律」，又稱為加速回報法則（Law of Accelerating Returns），大意是，技術的力量正以指數級速度擴充。人類正處於加速變化的浪尖上，這超過了歷史上的任何時刻。他說，更多超乎我們想像的極端事物將會出現。

他崇拜知識，尤其是電腦。他預測二〇四五年人類永生。有人感慨，他的理論太強大了，需要找到一位足夠強大的人來制衡他的觀點才行。也有人說他是一個厲害的利用大眾恐懼心理來說謊的騙子。對於「永生」這件事，也許他確實準確抓住了人們期望長壽、欺騙時間的心理，以及對衰老和死亡的恐懼。

侯世達（Douglas Hofstadter）是《哥德爾、艾舍爾、巴赫——集異璧之大成》

這部奇書的作者。他在這本書裡，通過對哥德爾的數理邏輯，艾舍爾的版畫和巴赫的音樂三者的綜合闡述，介紹了數理邏輯學、可計算理論、人工智慧學、語言學、遺傳學、音樂、繪畫的理論。他非常尖銳地評論雷・庫茲韋爾做的事是「狗屎」。雷・庫茲韋爾回應說：「我和那些評價我的人的不同之處在於，雖然我們看的是同一個事實，他們運用的是直線思維的直覺，來推測我們去哪裡。我的思維則是指數級倍增。好消息是，我們身邊有很多證據支援我的思維方式。」

在二〇一六年四月的這篇專訪中，雷・庫茲韋爾解釋了對「永生」一說的預言：奈米機器人可以進入我們的大腦和血液，人類正進化成一台 iPhone，二〇二九年將是一個轉捩點，人類將看到永生的可能……也許會讓你驚訝：在記者採訪的兩天期間，他竟然從沒有收過 E-mail 或是看手機消息。

記者描述，和他聊天，感覺對面是一個三位一體人：愛因斯坦、史巴克先生（Mr. Spock，《星艦迷航記》電視劇的主角之一，一位外星人，在企業號星艦上擔任科學官及大副）、谷歌人。

他在採訪中談論，人類將與科技工具融合，變得更聰明。在他看來，人類將運用科技工具，如同運用其他工具一樣，來拓展我們的邊界。資訊技術的能力，每年都在成倍遞增。與此同時，同等功能產品的價格每年都在減半。這些都是「加速回報法則」。

「一九六五年，我在麻省理工學院讀書時，曾使用一台一千一百萬美元的IBM7094型電腦，如今我的智慧手機已經比那台電腦強大數千倍，便宜數十萬倍。更有趣的是，如果我想要一萬倍的計算和通訊能力，如果我需要接入一萬台電腦的話，我可以在雲端輕鬆實現這一點——它無時無刻不在發生。」在未來的幾十年裡，我們將會與這些非生物科技工具整合起來，融合起來，讓自己變得更加聰明。「我把這支微小的安卓手機戴在皮帶上，雖然它還不在我的物理身體內。它已成為我的一部分——不僅是這支手機本身，也包括它與雲端的連接，我能在雲端接入的一切資源。」

人類將與這些非生物科技工具融合，提升自己的聰明程度。在人的大腦中，用於思維的部分被稱為新皮質。它是大腦周圍一層很薄的結構，大約在兩億年前與哺乳動物一同出現。一個重大的創新在兩百萬年前來到，當時，類人猿進化，並擁有了很大的前額。這個額外的新皮質，被我們用來增加更高層次的抽象，也正是這個層次使我們具備了發明能力，發明了語言，發明了幽默、音樂……除了人類，沒有其他動物能打出節拍，也沒有其他動物能講笑話。

雷・庫茲韋爾預言到本世紀三〇年代，奈米機器人將可以透過毛細血管，無創進入人的大腦，與我們的新皮質連接起來，同時，它與雲端上的以同樣方式運行的人造新皮質連接。我們就擁有了一層額外的新皮質，就像我們在兩百萬年前進化出了額外新皮質一樣。而我們的思維，會因此加入更多的抽象層次。它們是一些目前我們無法想像的層次，可能會打造出更深刻的通訊形式，創作出更深刻的音樂和更好笑的笑話。

關於新的資訊技術，將如何幫助人們活得更久？他認為：到二〇二〇年，我們會開始用奈米機器人來完成免疫系統的功能。人的免疫系統是數千年演化而來的，那時的周邊情況和今天非常不同，那時活得長不是人類的主要興趣，人們一般在二十來歲就去世了。

現在我們可以研究非生物性的T細胞，奈米機器人，就像一個血細胞那麼大小，到二〇三〇年，血流中的奈米機器人就會摧毀病原體，移除垃圾，糾正DNA的錯誤……

的確，也有不少人說他們不想活得太久。雷・庫茲韋爾說：但這其實指的是，「他們不想過大家所以為的九十九歲老人的日子——脆弱，疾病纏身，沒有足夠的經濟來源」。我們所談論的「永生」，完全是另一種的重新定義：人的一生有相當一段時間保持健康、年輕，甚至逆齡生長，是人希望的自己的理想模樣。

## 二、人類最深刻的限制，是我們的生命長度

心理學家認為，對於「人終有一死」，人類有三種機制來維持理智——宗教（上帝會拯救我），浪漫主義（愛是永恆的），創造性（我的藝術將會不朽）。現在，第四種解決方案——將衰老和死亡視為一種疾病，用技術加以解決，在這個世紀已經成為一種時髦。

在雷・庫茲韋爾看來，「死亡是最大的悲劇。」他說，這麼多年來，人們一直在談論習慣死亡，並接受它。但每個生命走到終點，是一個非常大的損失。他把這種損失比喻為，如同建於西元前三世紀的藏書五萬四千卷的亞歷山大圖書館被燒

毀。

所有關於這個人的技能、性格、記憶，都消失了。愛他的人，也很痛苦。愛他的人花了很多腦細胞，去了解這個人，和他互動，突然這個人再也不存在了。只剩下哀悼的震驚。人類的任務就是超越我們的限制，而最深刻的限制就是我們的生命長度。

如同歐尼斯特．貝克爾在《拒絕死亡》中寫：「一個人花費了多年時間取得他自己的一切，發展他的天賦，他的獨特的才華，使他對於世界的辨別力近乎完美……那時，真正的悲劇是……他花費了六十年的時間，經歷了不可思議的痛苦和努力才塑造了如此一種個體，但是，等待他的只有死亡……他必須要走秋後蝗蟲之路，即便他需要的時間更長一些。」

但雷．庫茲韋爾之輩看見未來不遠處，有一條一定會延長我們生命的道路。

在《時代》雜誌曾有一篇採訪，關於谷歌CEO賴利．佩吉（Larry Page），談論一家叫做Calico的公司。

Calico的全名是California Life Company，是谷歌投資的一家專門從事長壽研究的公司，作為谷歌旗下的瘋狂實驗室 Google X 的延伸，附屬於谷歌。這家公司網羅了不少頂尖科學家，它的目標是大幅延長人類壽命，首要目標是將人們的壽命延長到一百歲。Calico 的競爭對手之一，是著名遺傳學家 Craig Venter 所支持的細胞治療公司 Human Longevity Inc.。你看，公司名字乾脆直接叫——人類長壽公司。

谷歌希望能參與推動人類壽命的延長，正如他們所說的：「嗨，歡迎來到谷歌！今天我們把你的眼鏡變成一台電腦，明天我們會研發出無人駕駛汽車，後天，我們將治癒癌症，並把人類平均壽命延長到一百歲！對了，順便說一下，我們仍將努力管理協調全世界的數據資訊，讓搜索更加容易！」

谷歌已經下決心要解決抗衰老的一系列難題——從癌症到衰老皺紋。「如果能夠攻克癌症，人類的平均壽命就會增加三年。」但是，谷歌也知道，目前這方面的進展緩慢，「在醫療領域，要想實現這個想法，還需要十年到二十年時間。」「我們需要瞄準這些真正重要的事，在接下來的十到二十年裡實現目標。」目前的 Calico仍處於探索階段，聲稱「將把人類壽命延長二十年」，與真的有一天能夠實現這個目標，是兩回事。像大多數長壽老人會說的那樣，「膽小鬼可沒辦法長壽」。要想做到長壽，其實很不容易。

《大西洋月刊》有篇文章，題目叫〈我們都活到一百歲會怎麼樣〉。在文章中，描述Calico每個研究部門都有自己的工作方法，但作者發現這些研究者的一個共同點：大多身材瘦削，上下樓時都走樓梯，午餐就是苦行僧的齋飯——只有水和蔬菜三明治，沒有碳酸飲料，沒有小餅乾。有一些研究者很少吃午餐，每週卻要跑三十公里。

之前提到的英國傳奇科學家，奧布雷·德·格雷博士（Aubrey de Grey），宣揚「人活千歲不是夢」，他認為，永生是最基本的天賦人權，也是人類生命最美好的形式。二〇〇〇年，他在美國矽谷的山景城成立了瑪士撒拉基金會（瑪士撒拉是《聖經》舊約中最長壽的人，活了九六九歲），向「衰老」發起了一場世紀之戰。他得到了一些矽谷大亨的支援，包括風投資本家保羅·格倫（Paul Glenn），以及著名的彼得·泰爾（Peter Thiel）。

彼得·泰爾認為，「不平等的最極端的形式就是活人和死人間的不平等」，他自己希望長生不老。二〇〇六年，他投了幾百萬美元進入到瑪士撒拉基金會，用來進行長壽實驗。他的投資專案加起來，已經有十五家與長壽研究有關的公司。長生、治病、防衰老等一體化研究體系，全被他投完。在一篇題為〈關於死亡的問題〉的文章中，彼得．泰爾寫道：「現代人不再相信過去那些關於生與死的故事，也無法再將死亡當作生命的事實接受下來。所以，我們需要的是一個新故事，幫助我們理解這個新世界。」他談到生死未來將不再是一個問題，返老還童也將變得容易。他希望擺脫因為死亡在某個地方必然降臨的「被動感」，起而與之鬥爭。

「我一直有一個強烈的感覺，死亡是一個糟糕的事。我認為它是不正常的。大部分人都是處在否認與接受兩邊搖擺的奇怪模式，這兩種都會讓人覺得非常『被動』。我傾向於與之作鬥爭。幾乎所有重大疾病都和衰老有關。三十歲後，千分之一的人會得癌症。尼克森在一九七一年宣布了對癌症的鬥爭，至今進展令人沮喪地緩慢。八十五歲以上的人，三分之一會得阿茲海默症等老年癡呆症。我們到目前為止還沒有宣布對這一類疾病的鬥爭。我們必須做更多。」

有這種想法的不只彼得．泰爾一人。賴瑞．艾利森（Larry Ellison），甲骨文公司的執行長，憎恨死亡。他不想接受大多數人一直以來對死亡的看法。他創立了艾利森基金會，用自己的力量終結死亡，這個基金會每年的研究資金超過四千萬美元。他把死亡當作是「企業的另一種競爭對手，而他有能力戰勝它」。俄羅斯的巨富德米特里．伊茨科夫（Dmitry Itskov），創立了 2045 Intiative 機構，志在未來的三十年內，幫助人類實現物理上的長生不死。這個機構要做的是，盡快實現人類生物身體和機器身體之間的簡單交換，把人類意識轉移到遠端控制的化身。將人的大腦在網路空間裡備份，然後把「自己」下載到一個仿生的機器人，使意識徹底擺脫肉體，達到永生的目的。他認為這是「人類的下一個進化步驟」，他相信到二〇四五年，人類一定能「100%實現長生不老」。

著名的大衛．默多克也設想過自己的生命長度，他計畫活到一百二十五歲。這位九十多歲的富豪，嚴格遵循日常鍛鍊的養生方式和飲食標準，投入了大量資金用於長壽研究。他創辦了加州健康與長壽研究所（California Health and Longevity Institute），提供營養教育、體能訓練、生活方式諮詢、先進診斷技術、個性化護理、醫療普查等服務來延長壽命。

如果未來學家雷．庫茲韋爾所說的「指數級增長」是真的，那我們對人類壽命的極限，可能需要重新審視了。當人口統計學家說，在二十一世紀，人類壽命可能會在生命期限上延長十年、二十年或三十年，他們僅是根據十九世紀、二十世紀的人類健康資料做出的推斷。但可能真的存在一種「逃逸速度」，科學賦予我們壽命的增速以指數級增長，我們就會獲得這種逃逸速度。有人評論說：「我們集體意志的失敗，我們人類勇氣的失敗，是獲得這種逃逸速度的最大攔路虎。」我們完全不知自己可以到達何種可能。

還有一些人，正在考慮參與屍體冰凍業務。加拿大億萬富豪羅伯特・米勒的富昌電子（Future Electronics），是世界第三大電子元件分銷商，他捐贈了大量資金，給阿爾科爾生命延續基金會（Alcor Life Extension Foundation）。這個基金會採用人體冷凍或超冷溫度，在宣告死亡後盡快保存人類的大腦，在未來醫療技術發展後被重新喚醒。他自己計畫在死後實行冷凍保存。八十一歲的億萬富豪唐・勞克林是拉斯維加斯一家度假村及賭場的創始人，也是這家組織的客戶。他去世後，屍體將在零下三六〇度冷凍保存，直到人類能治癒健康問題的那一天再醒來。他還打算帶走自己的錢：他的資產在去世後也將同時被凍結，直到再醒來的那一天。

## 三、永生之城的一棵杏樹的軀幹

在人們的左首，是鳳凰之美夢，是永生之鳥。

在人們的右首，是九頭蛇之噩夢，是不斷變幻的魔鬼。

有些人在投資或是嚮往永生。也有人說，「永生這個拙劣的念頭，並非一種舒適，而是一種恐怖的威脅」。關於長生，最終都難免會觸及到——關於存在的最深刻的問題。

想像一下，因長生而產生的重複，是否將產生一種如影隨形的倦怠感？「究竟有誰想一直活著呢？很明顯，我們大部分人都想。但是，這是很愚蠢的。」杜魯門．卡波特在他的文章〈自我畫像〉中說，「畢竟，有一種生命飽和的狀態存在：當所有的事情只是完全耗費精力，只是完全重複。」

「想一想你重複著做同一件事情的時間有多長。」塞涅卡說。「一個人希望去死，並不是因為他勇敢活著痛苦，而是因為他具有洞察力。」

在猶太人的傳奇中，鳳凰生活在路茲城。亞當和夏娃失寵後，上帝保留了這座城市，地球上只有這個地方可以免受死神的侵擾。生活在其中的居民，沒有洪水，沒有飢餓，沒有火災，沒有恐懼……他們的歷史完整保存：沒有什麼東西丟失過——沒有一根頭髮，沒有姓名丟失過。在城牆上，沒有大門，以防地球上所有人聞訊之後蜂擁而入。唯一入口，是一個秘密通道，在城牆外一棵杏樹的中空的軀幹中。路茲，在希伯來語中是杏樹的意思。

路茲城是最後一塊秘密樂土，是地球上的天堂。但還是有人會突然從密道中逃走，通過杏樹中空的軀幹，走進城外的紅塵中。這是一些路茲城中騷動的靈魂，試驗著死亡的邊界。留在城中的人們，不明白為什麼會有人想離開這座永生之城呢？除非是厭倦了活著——厭倦了長生不老。

路茲城是古代猶太人的。奧林匹斯山是古代希臘人的。大力神赫拉克勒斯，一生豐功偉績，最為人熟悉的十二件苦差，一生都與死亡周旋。死後他被允許飛升到奧林匹斯山。在那裡，赫拉克勒斯和青春女神赫柏喜結連理。但那些長生不老的人，每天都在那座永恆神山做什麼呢？他們像凡人一樣爭吵；他們觀看大地上的芸芸眾生，來減輕自己的厭倦。他們其實也無法從永生之厭倦中解脫。

法蘭西斯・培根說：「一個人想去死，可能他既不勇敢，也未感到痛苦，只是對於一而再再而三地做同一件事，他感到無聊至極。」重複地做同一件事，一而再地做同一件事……會帶來沉重的無聊和厭倦。這會讓有些人放棄任何長生不老的幻想。

捷克作家卡雷爾・恰佩克寫過一部關於長生不老的喜劇，作家本人卻在四十八歲離世。他所寫的，在今天我們可以稱之為科幻小說。他也確實在另一部戲劇中，杜撰出「機器人」這個詞。一九二二年冬天，這部戲在布拉格首演，名叫《馬克羅普洛斯事件》。女主角是埃琳娜・馬克羅普洛斯，一個歌劇演員，年齡三百四十二歲。在四十二歲停留三百年。她在時光流逝的過程中，從一開始的無聊，到後來的「冷冰冰的，沒有感情的空虛」。這是一部關於「永生之無聊」的戲。「長生不老，或者說一種沒有死亡的狀態，將會毫無意義。」其時一位哲學家就此戲發表意見，因為「死亡賦予生命以意義」。在寫給觀眾的一封短信中，他為對埃琳娜的悲劇性形象辯解：「樂觀主義者相信活六十歲很糟糕，但活三百歲很好麼？我只是想，當我讚揚通常的六十歲的壽命在這個世界已經夠好時，我並不為我嚴重的悲觀主義感到內疚。」

二〇一〇年的坎城影展，伍迪．艾倫因為新電影《命中注定，遇見愛》（*You Will Meet a Tall Dark Stranger*）出現。他首次承認，自己「雖然希望能夠出演浪漫的男主角，但我已經太老了。」他說，「變老沒有什麼好處。你不會變得更聰明。只是你的背部會更經常疼痛，視力變得模糊不清。如果你能夠避免的話，我建議你不要變老。」繼而他談起他最鍾愛的主題——死。「我和死亡的關係依然沒有改變。我反對它。我覺得生命是一種殘酷、痛苦、噩夢般的經歷。你唯一可能快樂的方式是對自己說謊。為了活下去，你必須抓牢那些幻象。」

對變老和死亡的思索，幾乎是伍迪．艾倫電影的核心。「人因為必死，因此人生毫無意義和價值」的想法，在他的電影中到處都是。在電影《安妮霍爾》中，艾爾維拿著兩本書《死亡與西方思想》和《拒絕死亡》，與安妮談起了人生：「對於人生我有非常悲觀的看法。如果我們以後要約會的話，你應該知道這些。我覺得人生應該分成兩種：可怕的和悲慘的。」

伍迪．艾倫擁有兩面：對死亡的恐懼和對永遠重複的恐懼。「只要人類必有一死，他們就不會完全放鬆。」「我並不想通過作品來取得不朽，我想通過不死來獲得不朽。我不想繼續活在人們的心裡，我想活在我的公寓裡。」

但他也說：「永生是段很長很長的時間，尤其是對於終點來說。」

恩斯特．海克爾是達爾文的早期支持者，在二十世紀初的《宇宙之謎》一書中，他寫道：「任何不偏不倚的學者，只要熟悉地質時期的計算方法，只要細想地球上的有機體已經存活過漫長的數百萬年，那麼，以人類的視角看來，他肯定會承認，永生這個拙劣的念頭，並不是一種舒適，而是一種恐怖的威脅。只需要明智的判斷和理性的思考，就可以驅除這個想法……即便最為親密的家庭關係，也會包含有很多困擾。有很多人，他們會高高興興地犧牲所有天堂的榮耀，如果能換來他們的配偶和他們的母親之間永久的和睦。」

「我離開人世猶如離開旅店一般，而不是離開家，自然給予我們的是一個暫作停留的寓所，而不是久居之地。」西塞羅在《論老年》中如此談論生命的終結。

老年沒有什麼固定的終極期限，人在老年時期也可以生活得好，只要他能盡應盡的責任，能視死如歸，因此老年甚至可以變得比青年更堅強、更剛毅，所以，據說當僭主皮西斯特拉托斯問梭倫依仗什麼膽敢和他對抗時，梭倫回答說，老年！

生命最好的終結是趁一個人頭腦清醒、感覺健全的時候，由自然來拆散它所組合的東西，正如船舶、房屋由建造它們的人來拆毀最容易一樣，一個人由構造他的自然來拆散也最為合適。拆新不易，而除舊則容易得多。因此，老年人既不可無限留戀殘生，也不可無故放棄。

……恩尼烏斯的話也許更好：

不要流淚向我致敬，

不要在我靈前哀悼。

他認為死不需要哀悼，因為死後是永生。

是的，在我們暫時沒有辦法讓人們停留在身強體壯、耳聰目明的黃金階段之前，對有些人來說，甚至我們現在的壽命，就已經足夠讓人厭倦。

過去，死亡的過程，通常更加「突然」。由於沒有現代醫學在疾病的早期做出診斷、通過治療延長生命，那時，從認識到疾病危及生命到死亡之間，一般也就是幾天到幾週的時間。一七九九年十二月十三日，喬治・華盛頓在家裡發生了喉部感染，第二天晚上就斃命。如同生命末期研究者瓊安・林恩（Joanne Lynn）研究發現：那時的人們一般以體驗壞天氣的方式，體驗危及生命的疾病——如同某種幾乎不經預警、突然襲擊的事物。你要麼挺過去，要麼挺不過去。

如今，迅疾的、災難性的疾病已成例外。對於大多數人，死亡是在經歷了漫長的醫療鬥爭，由於最終無可阻止的狀況——晚期癌症、老年癡呆、帕金森、慢性器官衰竭（心臟衰竭、呼吸系統衰竭等等），或者只是高齡累積的衰弱，緩緩而來。死亡是確定的。但是，死亡的時間並不確定。每個人與這個不確定性，與怎樣以及何時接受失敗的結局相處。技術甚至可以在我們早已失去了意識和連貫性之後，還繼續維持著我們的器官。臨終遺言，只是出現在從前那些老派的故事中。因為現在及以後，大部分垂死的人，其實連自己到底是誰都不太清楚了……在過去幾十年裡，醫學科學使得數百年來關於死亡的經驗、傳統和語言過時了，並給人類製造了一個新的困難：如何死。

但如果是停留在人生的黃金階段，只是停留而不是老化呢？很多長生不老者設想，我們將會發育到成熟的狀態，然後數世紀停留在那裡，獲得長生。如果將衰老控制到可以忽略，我們將不再經歷莎士比亞描述的生命旅程的七個階段。第七階段也是最後一個階段，在莎士比亞筆下是：「二度嬰孩時代，無意識，沒有牙齒，看不見，食不知味，一無所有。」

如果將衰老控制到可以忽略，我們可能會在莎士比亞所言的第三個階段停下，那是戀人的階段：「像爐灶一般歎息，唱出悲哀的歌曲／跟他的愛人眉目傳情」。

或者會在第四個階段逗留，那是軍人的階段：「滿口奇怪的誓言，動不動就要打架／在炮口上／追尋著泡沫樣的榮名。」如同歌劇中的那位女主角，埃琳娜．馬克羅普洛斯，這個歌劇歌星，在四十二歲停留三百年。她十分厭倦，因為「對於一個四十二歲的人來說，任何會發生並且具有意義的事，她早已經經歷過了。」她的性格早已經形成，她的命運早已被性格所塑形。反反覆覆地活著，同一首歌被反反覆覆地播放。

無論我們停在何處，並沒有一個生命階段自身就有那麼多的意義。當伽利略把望遠鏡朝向月亮時，他看到了廢墟。與一旦創造出來就永遠不變的宇宙相比，他更喜歡一個居於變動之中的宇宙：「為了巨大的榮耀和完美，而把天體說成沒有痛苦的、永恆的、不可改變的，我不能忍受這個……在我看來，地球非常的高貴，值得讚賞，因為它經歷過滄海桑田的變遷，是這些變遷在持續不斷地塑造著它；如果沒有任何的變遷，它僅僅是一個巨大的土堆，或者一塊碧玉。」每個生命階段的意義，在於其與下一個階段、下下一個階段的關係中，置於生命的整個序列中才具有其意義。沒有生命的發展感，生命就是一種停滯。

在《留戀人世》一書中，作者採訪完奧布里·德·格雷（Aubrey de grey），進行了全面的反思。

人在這個世界上的旅程，經歷了一系列的生命階段，從一處跨越到另一處。在這生涯的每一階段，都留下了許多的印記。在第一個階段，我們刻下了語言；在第二個階段，我們刻下了音樂。在第三個階段，如果幸運，我們刻下一生的工作，刻下一生的伴侶。

七個階段是一種身分的展開。如果我們待在人生七階段中的一個，長達一千年，那該如何度過呢？每個階段都是一個去往終點的沿途一站，我們在這個世界旅行，失去或尋找。七個階段中的劇情的大部分，來自一種終結感。我們清楚地知道，這些階段最後都會通向一個終點。生命的終點，與其他生命階段一樣重要。如同這句聽起來比較矛盾但又耐琢磨的話：「死亡是甜蜜的，它把我們從對死亡的恐懼中拯救出來。」

如同西塞羅所說：

> 生命的途徑是固定的，自然的道路是唯一的、單向的，生命的每一個階段自有其對應的特性：童年軟弱，青年狂妄，中年嚴厲，老年成熟，所有這些自然的屬性，每一種特性分別屬於與其相對應的生命時期。

倫敦大學的生物學家馬丁．拉夫說，如果有人告訴他，他可以活五百年，那麼他會感到非常不幸。「事實上，那將會是人們告訴我的最讓我鬱悶的事情之一。我的人生曾是讓人恐懼的；我曾經躲避了大部分的可怕之事。但是我將生命看作幾個階段。生命的目標就是在每個階段都能喜歡、都能足夠幸運、都能足夠健康，滿懷喜悅地經歷它，並且總是期待著下一個階段。當你進入下一階段，它並沒有讓你失望而是實際上更為精采。那麼，那當然也包括死亡！為什麼不呢？」

我們是自己生活的劇作家，也是舞台的演員，需要死亡來拉下最後的幕布，否則人生這齣戲就會太長，故事將喪失原貌，故事也將不再像個故事。

永生也許會讓我們獲得一個時間的世界，但同時卻丟失了意義。法國小說家蜜雪兒．烏艾爾貝克在小說《基本粒子》中描述，一位分子生物學家會很快發現一種重寫我們基因編碼的方式，使得其不再發生變異。結果將是一個新的複製出來的物種，永遠生活在「完全的靜止」中，沒有性，沒有身分，沒有錯亂、衰老、疾病。

除非永生像未來學家雷．庫茲韋爾描述的那樣。在採訪時，被問到人類壽命延長或者永生之後的倦怠感時，他這麼回答：

> 倦怠感絕對是挑戰之一。如果我們在千百年裡都做著同樣的事情，生活必將變得乏味至極。但這樣的事應該不會發生，除非我們大大拓展了生命的長度，卻未能拓展生命的寬度。所以我們要讓自己變得更加聰明，就像我們已經在做的那樣，而隨著我們直接與這項科技融合起來，將我們的思維拓展至雲端，我們將會在思維中加入更多的抽象層次。
>
> 到本世紀三〇年代，你我可能天各一方，卻能像現在這樣面對面坐著——甚至有技術能讓我們觸摸到彼此。今天，這項技術還不夠逼真，但到二〇二〇年代中期，等我們擁有了可直接將圖像傳至視網膜上的視網膜設備和類似的耳膜設備，以及能激發觸覺的其他感測器後，你我便可置身不同場所，但完全就像面對面坐

在泰姬陵內的一張桌子前，或並肩行走在一片虛擬的地中海海灘之上，並能感受到濕潤的暖風吹過我們的臉龐。

如下這段，可能更意味深長，出自同一個人之口：

——沒有什麼是確定的。我可能明天被一輛巴士撞了。我相信我們開始克服那些使我們短壽的原因。它們在不久的將來，會像潮水一樣湧來。但我們永遠不能理解「永恆」。即使我非常努力了，我永遠不可能回來找你說，「看，我做到了！我可以永生不朽」。因為它從來不是永遠。

是的，我們必須記住：超額增加壽命無法得到百分之百的保證，「即使生物學上的完美之物，也會被閃電或馬車所擊倒。」如同科學家梅達沃幾十年前就說的：成長在大自然中鳥類的壽命，與動物園中同種鳥類的壽命，兩個作比較，其實沒什麼意義。不管是試管、汽車、電腦，或人類……被損壞的理由有很多種——東西本身的脆弱性，所生存的環境是否艱苦、運氣的好壞……壽命的長短，其實包含了所有的原因。

在生命的每一個層面上，都得靠運氣。

## 四、為什麼他只想活到七十五歲？

艾澤科爾．伊曼紐爾（Ezekiel J. Emanuel）是一位臨床醫學倫理教授，也是賓州大學的副教務長。之前提到過，他寫過一篇非常有個性的文章，題為〈為什麼我只想活到七十五歲〉，實在讓人側目。

他在文章中的觀點是，「活得太久，是一種損失。它令我們就算不至於完全殘廢，但也步履蹣跚，老態龍鍾，這種狀態就算不比死亡更差，但無非風燭殘年，所剩無多。它剝奪了我們的創造性以及為工作、社會和世界效力的能力。它改變了人們對我們的感覺、與我們的關係，以及最重要的，關於我們的記憶。在他們的印象中，我們不再活力充沛、忙碌充實，而是年老體弱、無能無用，甚至令人可憐。」

這位醫學倫理專家還用統計數字來分析，為什麼七十五歲是一個適於結束的年紀，他列舉了眾多理由。他也說明，隨著科學進步，這個「適於結束的年紀」，會推遲到八十或八十五歲。

他並不想抨擊那些想要活得盡可能長久的人是錯誤的，這是每個人自己的選擇。他說，他只想嘗試描述自己一種「對幸福生活的觀點」。他談論的是，對自己的壽命的期望，以及七十五歲後他希望接受什麼程度的醫療保健。

這實在是太重要的一種聲音了，在滿世界都在期待返老還童或是重新談論長生不老的二十一世紀。過了七十五歲，他說自己不需採取任何用以維持生命的干預。在長壽和永生的樂觀主義之聲中，這真的是一種不隨流和主動選擇的勇氣。我們可以不同意，但我們需要先了解它。

「無論哪種疾病首先奪走我的生命，我都將隨它而去。」他說，一旦活到七十五歲，他對自己採取的醫療保健方式將徹底改變。他不會主動終結他的生命，但也不會試圖去延長它。今天，當醫生們推薦一項檢測或治療，特別是那些會延長我們生命的檢測和治療時，他覺得有責任給自己一個不接受的理由。人們癡迷於運動健身、各種果汁、嚴格飲食、補充維他命和營養品……他覺得「這種對無休止延長生命的瘋狂追求被誤導了，也具有潛在的破壞性」。

一百年前，著名內科教授奧斯勒的跨世紀教科書《醫藥的原理與實踐》中有這麼一段話：「肺炎或許被稱作『老年人之友』再合適不過了。患上這種疾病老年人以一種急促、短暫，而且通常不是很痛苦的方式死去，這樣他們不必去經歷令其本人和親友承受巨大痛苦的『冰冷衰退期』。」

受此啟發，他的理念是：一旦活過了七十五歲，如果要去看醫生，接受任何體檢或治療，就算再常規，就算沒有痛苦，也得找個足夠充分的理由才會去做，而這個理由不會是「延長壽命」。他會停止接受任何常規預防性檢查、篩檢或干涉。如果出現病痛或其他殘疾，他只會接受姑息療法。他不再考慮做什麼結腸鏡檢查和其他癌症篩檢，六十五歲時將接受最後一次結腸鏡檢查。

七十五歲之後，如果我患上了癌症，我將拒絕接受治療。我同樣也不會接受任何心臟壓力試驗，不需要起搏器和可植入微顫器，也不需要瓣膜置換術或者心臟搭橋手術。如果我患上了肺氣腫或類似的疾病，頻繁發作，總是要將我送進醫院的話，我將會接受減緩窒息所帶來的不適感所做出的治療，但是我拒絕去醫院。

那要是小病痛呢？流感疫苗就不用了。當然如果出現流感大流行，還沒有活過完整人生的年輕一些的人應該接受疫苗或其他抗病毒藥物。對抗肺炎或者皮膚、泌尿道感染的抗生素是個巨大的挑戰。這些抗生素價格低廉、效果顯著，因此我們很難拒絕它們。但奧斯勒提醒我們，與那些慢性疾病帶來的衰退不同，這些感染帶來的死亡不但迅速，痛苦也小得多。所以，我不會使用抗生素。

簡而言之，不要對我採取任何用以維持生命的干預。無論哪種疾病首先奪走我的生命，我都將隨它而去。

也許因為作者的醫學背景，見過太多與疾病鬥爭的場面，醫療系統的文化常常圍繞著那個微弱的可能性建立，那些臨床醫生們害怕自己對病人做得太少。但有時，對病人做得太多，也是同樣可怕的錯誤。有人採訪過一些老年科醫生，他們常常面對老年病人，使用紛繁的醫療手段，與疾病做一場鬥爭。但當問到自己老了之後，是否也希望用同樣紛繁的醫療手段時，他們的回答居然是：不用了，越簡單越好！

這篇〈為什麼我只想活到七十五歲〉發表出來，作者預料到很多希望長命百歲的人們將畏懼並反對他的觀點。他揭開了一扇人們恐懼談論和抉擇的門簾，門簾之後是人生的終點。

他並非想說，想要活得盡可能長久是錯誤的，也不是譴責那些身心殘疾仍想活著的人。他甚至都沒有試圖去說服別人同意他的說法。重點是，他是在嘗試描述自己一種「對幸福生活的觀點」。

你可以不接受他定義的七十五歲，但讀完這篇文章，至少刺激我們也停下來想一想自己的「對幸福生活的觀點」，對自己的壽命的期望，在老年的下半場去接受什麼程度的醫療。

我不是提倡將七十五歲作為完整、幸福生活的官方統計數據以節省資源、分配醫療護理，或是解決由平均壽命延長引發的公共政策問題。我只是在嘗試描述我對幸福生活的觀點，讓我的朋友們和其他人思考他們該如何度過老年生活。

我希望他們能去思考，除了屈服於年齡的增長不知不覺帶來的對活動和願望的限制，還可以有其他的選擇。

我覺得人們拒絕我的觀點是很正常的。畢竟，進化的烙印讓我們有著盡可能長久生存的動力，這也是自然的安排。因此，大部分人覺得將七十五歲作為終點是錯誤的。我們是永遠樂觀的美國人，我們對限制，特別是對強加在我們生命上的限制感到憤怒。我們確信自己屬於例外。我也認為，無論是精神上還是存在主義，人們都有理由對我的觀點加以蔑視或排斥。

但是七十五歲為我定義了一個確切的時間點：二〇三二年。它去除了試著活盡可能長久的模糊性。

這一具體數字，使人可以思考生命的終結，思考最深入的存在問題，思索想要為後代、環境留下些什麼。「這最後的期限，也使得我們每個人問自己我們的消耗是否能與我們做出的貢獻相當。特定的七十五這個數字，意味著我們不能繼續忽視這些問題。」

## 五、一些更多更廣的問題

荷馬史詩《伊利亞特》中，一名士兵對另一名士兵說：

正如樹葉枯榮，人類的時代也如此，
秋風將枯葉灑落一地，春天來到
林中又會滋發許多新的綠葉，
人類也是如此，一代出生一代凋謝。

縱然世代更替輪換，現在，這個更替的時間在不斷延長。許多正在追求長生的探索，試圖將時間抹去清晰刻度，變得模糊，進而在時間面前，我們不再顯得被動。那麼，多出來的一截時間，或是一長段時間，用來做什麼？如果是人生的黃金階段被延長，我們是繼續虛耗時光，只不過可供虛耗的更長一些？如果是人生最後那段被延長，哪一個更好？在病床上期期艾艾，還是早點了結？

治療衰老、期望長生，存在兩個問題：可行性、合意性。「諸神他們自己會死去，但是詩歌，甚至比銅都堅硬，可以比任何事物活得都長久。情侶們許下的諾言中，永恆聽起來就像它本身那麼奇特。在這點上我們都遨遊在一片相同的海洋中，不論是必死之人，還是永生之人。」對長生不老的思考，使我們接觸到時間自身的問題，我們在時間中存在的能力。

如果有一天，真的可以將奈米機器人送入血液，糾正基因，那也許「人」會成為另一個種類。阻礙我們進展的，是在我們衰老的細胞中累積的基因變異。這些變異的負荷，將是我們最後要碰到的牆，是「生命的終極極限」。如果有一天真的可以將奈米機器人送入血液，糾正基因，那將會不會竄改生命自身的原本邏輯？

如果有一天，擁有了真正的抗衰老藥物，會發生什麼？這可能會使得眼前所有的生物倫理問題，都相形見絀。在過去數年中，我們擔憂的是：細胞複製、基因療法、基因資訊的隱私保護……為了延長我們的壽命，我們將增加或者減少基因，糾正基因，直到沒有回頭之路。沒有一個活著的人，將再以之前的人類的方式存在了。

「你想要多少長生不老？」歐威爾的小說《一九八四》中說：「如果你想看到未來的圖景，就想像一下靴子踩在一個人臉上——永遠。」

對於普通人來說，長壽和長生的科技暢想，並不能為現實解渴。有一些事，與醫學與科技沒有什麼關係，卻至關重要，它們是關於終老日常的現實生活問題。老人能否做到八項日常活動自理：如廁、進食、穿衣、洗浴、妝容、下床、離開座椅、行走。是否具有八項獨立生活能力：自行購物、做飯、清理房間、洗衣服、服藥、打電話、獨立旅行、處理財務……這些比電視裡、網路上任何一條衰老突破的新聞，都更現實。老年人越來越希望擁有自主，可以控制或部分控制自己的生活，而非被生活所驅使，或是依賴他人麻煩他人。

選擇什麼方式結束生命，也不是長壽和長生的科技暢想可以解渴。倫敦大學的生物學家馬丁・拉夫說，自己在退休後，希望能推進安樂死的進展，幫助人們死得有尊嚴。他顯示了對長生不老者的不耐煩，對安樂死的激情。「我的意思是，如果你問問人們，大部分人都不害怕死亡。大部分人害怕的是死亡的過程，讓人毛骨悚然的死亡過程。」不少選擇安樂死的病人，並非受不了病痛折磨，而是想在生命的最後階段不喪失對生命的控制。

如果治療衰老真有一天可行了，在政治上意味著什麼？除了人生的七個階段，還有人類的歷史階段。如果曾經的那些皇帝可以一直活著，會是什麼結果？如果生物學家可以為二十世紀的獨裁者的壽命翻倍，如果可以給予非常邪惡的人非常長久的壽命，那對世界而言並不是什麼好事。活一千歲的希特勒就會有一千年的德意志帝國。「這就是為什麼我害怕對衰老的研究。」倫敦大學的一位老年病學家說。

每一次偉大潮流，最終都會為下一波讓路。「科學通過一個又一個的葬禮高歌猛進」，這句話的更文明版本來自德國一位物理學家：「一個新的科學真理並不是通過說服其反對者，使其看到光明來獲得勝利。而是因為，它的反對者最終死去了。」

在中國歷史上，漢武帝比秦始皇還期望長生不老。《史記．武帝本紀》中有一半篇幅在講他終其一生如何寵信方士，如何勞師動眾追求仙藥，登高封禪，出海求仙，多次被江湖道士騙，仍樂此不疲。「萬壽無疆」四個字不僅是頌詞，也是皇帝們的切實追求。漢武帝鑄造了「銅仙承露盤」：仙人的銅像，用手托盤去承接月亮上的露水，製作長生不老的靈丹妙藥，以求與渺茫仙界的神秘契合。他的統治達半個世紀之久，但他和臣民們一樣會衰老，死於西元前八十七年。漢朝滅亡後，魏明帝派人將「銅仙承露盤」從長安搬到洛陽。在搬遷途中，銅仙承露盤被徹底損壞。

「茂陵劉郎秋風客，夜聞馬嘶曉無跡。畫欄桂樹懸秋香，三十六宮土花碧。魏官牽車指千里，東關酸風射眸子。空將漢月出宮門，憶君清淚如鉛水。衰蘭送客咸陽道，天若有情天亦老。攜盤獨出月荒涼，渭城已遠波聲小。」

如果治療衰老真有一天可行了，首先獲益的可能是富人，不是窮人。生命的不公平，會不會變得更加明顯？那些家財萬貫者可以活一千歲，一貧如洗者的孩子們在五歲就早早死亡？

今天，仍有超過十億人缺乏最基本的醫療保障。比起把一個人的壽命從九十五歲延長到一百歲，為十億人提供最基本的醫療保障是不是顯得更為重要？比爾·蓋茲說，當世界上還有瘧疾、結核時，那些富人們投資一些在研究人們可以活得更久的事，真是不可理喻。比起延長壽命，也許有更緊要或更突出的問題等待谷歌這樣的公司去解決。

如果有一天，谷歌這樣的公司真能讓大部分人多活十年，很可能會產生更大的問題，「資源」部門首當其衝。

如同唐諾所說，他倒不擔心老人的道德支撐問題。比較麻煩的是，經濟性的生存資源問題。

雖然嚴格來說，人類世界從沒有任何一刻真正全面地不遺棄任一隻老羔羊的解決這件事，偌大地球，總有貧窮死角，有停滯在自然生存狀態的死角，總有天災人禍糧食短缺的地方，在可預期的未來，這些仍然會存在。但可能這個古老的問題會添加幾個新問題。

一是我們真的漸漸走到地球負荷的極限之地了，最根本的生活資源將會不足：另一方面，醫療健康單方面的專業的依循它的速度，在持續進展，人的老年長度仍在增加，但要讓一個九十歲的老人活著，比起要讓一個七十歲老人活著，會指數級地消耗人力和物質資源。

如果越來越多的人，可用的資源越來越少，很難設想我們種類的成員都能長存。後代將接過一個貧瘠之地去生活。還有，地球上的其他生靈呢？它們將會變得越來越少？一個長久的生命，與一個良善的生命，一樣重要。身體健康與地球健康，一樣重要，但同時也很難調和。

除非健健康康，否則人不會渴望這個世界。但如果以周圍的世界為代價，使人類長生不老，也是另一種形式的瘋狂。

契訶夫寫過一篇關於棺材製造商的短篇小說。開頭是：「這個鎮子很小，比一個村莊還糟糕。這裡除了老人就沒有其他人居住了。他們很少去世，這讓人更為苦惱。在醫院裡和監獄裡，對棺材的需求都非常低。一句話，生意糟糕透了。」

我們正在活得越來越長，同時全球範圍內的都在走向老齡化，生產力將面臨階段性萎縮。今天的義大利和西班牙，老人幾乎是年輕人的兩倍。一位華盛頓的人口專家說，當一個文明是「倒金字塔」時，不可能繼續前行。如果一個地方的大部分人待在療養院裡，你不可能運轉一個村莊，更不用說一個國家。

「託二次大戰後資本主義獲勝，以及財富積累的機遇，我們這一代擁有著人類歷史上人數最多的最有錢老人，我們曾以為這會是穩定趨勢，無論人數還是財富，只增不減。」但唐諾在〈老人〉這篇中說，這也許「只是人類鬼一樣歷史的一個局部的、暫時的現象，甚至還是某種短視、謬誤、誇大加不正義派生的偶然結果而已，持續時間不超過一個肥皂泡泡吹脹到炸開的時間」。

經濟層面的老人問題，會回頭襲擊我們以為已脫貧的文明進步國家。在未來的幾十年，如果人口的金字塔，成為一個倒金字塔，不知道這個金字塔是否還能立得住。我們將會看到一種極端不穩定的狀態，無論是在社會上，還是在政治上，還是文明價值上。當全世界的嬰兒潮的人都滿頭白髮了，必須趴在他們數量不多的成年子女背上生活，將會發生什麼？延長生命，這是為人類加冕的成就。「但是，這頂王冠非常沉重，戴著王冠的頭顱也已經白髮蒼蒼。」

## 六、模糊地老去

壽命延長漸成事實，世界在以一些指數級倍增的方式發生變化，連醫學也開始成為一門資訊科學，新的科技和傳播方式也集聚一起，鍛造一個娛樂新世界、一個美麗新世界。

長壽帶給我們關於生命長度的希望，現代化也在改變著延長的生命線這一路的風景或是溝坎。

除了陪伴並目睹父母老去，需要準備什麼，從大腦上，從身體上，從行為上，以迎接不斷變長的人生後半段？

隨著生命線的延長，我們將努力地去模糊中年與老年的界限，並不清晰地跨入那個叫做老年的人生第六、第七階段，而是盡可能逗留在第四、第五階段。老年的概念會一再被「模糊」，中年盡可能被一再延長。人們不再談論自己的「客觀年齡」。如果可能，我們會花費精力和金錢，留住外觀，留住體型，繼續去做非老人闖蕩和探索世界的那些事。但總有一些獨自的或是清冷的瞬間。

那可能是我們一邊努力維持著顯年輕的外形，一邊頂著越來越多疾病的帽子時。這些疾病，種類多到在中年時就已經有幾種伴隨左右。我們將有更長的一段時間，體驗著「疾病」與健康的違和感。

那也可能是碰到「價值」這件事時，我們遭遇並非小小的尷尬。一路以來因閱歷積攢的曾經舉足輕重的知識、經驗、智慧，將對年輕人的價值越來越小，甚至過時和落伍，成為需要跨越的障礙。

外觀不可阻止地衰落，價值不可阻擋地減低，在老年的上半場，我們努力向「更廣闊的中年」傾斜。進而，在深藏的焦慮驅使之下，過度地相信美容、醫療、抗衰老技術、各種運動處方、各種醫療解決方案。在與此有關的帳目上，我們可能會過度消費，對不管是真科學還是偽科學過度輕信。

一個更平面、無聊、長生但背負著更多疾病標籤、無安全感的老年上半段，出現了。

但也並非全然沒有解決之道。無論是推崇的文化，還是價值的評判，都是強勁的外在力量。如果我們盡早嘗試去建立一個更強的內在，盡早發展出不同的支撐，無論是精神世界還是現實生活技能，奉行一套簡單易行的整體健康生活策略。如果我們能在被定義的疾病中排出優先順序，有的需要解決，有的可以控制，有的可以共處。對要不要找醫生治療、治療到什麼程度，準備更多的判斷力。這樣，我們也許能更坦然地面對所有「衰老」背後的不悅隱喻：落伍、過時、頑固、身體殘敗……

只是，這樣的解決之道，也須付出代價。我們是否足夠強悍，能夠公然蔑視無處不在的文化指令，如影隨形的社會暗示、疾病暗示？哪怕是電視上的廣告暗示？並且，這種支撐的力量，隨著身體的衰敗也會衰減，進而失去支撐的意義，甚至有一天可能「遺忘」了支撐的意義。

在老年的下半場，會面臨更多的醫學化的「老、病、死」，孤單、疾病、經濟三件事將在每一天從每一個角度考驗著我們。職業緣已斷開，家庭結構將越來越小，在未來，不少人可能將獨居終老。花樣越來越多的「疾病」圍繞在周圍，有越來越多的醫療手段可維持「生物學的活著」，養老越來越依賴社會配套。如何終老？除了八項日常活動自理和八項獨立生活能力，還有一些要求更高的事：生存品質、生存尊嚴、「對幸福生活的觀點」，對自己的壽命的期望，在七十五歲後選擇去接受什麼程度的醫療……每個人都會走在尋找自己答案的道路上。

在人們的左首，是鳳凰之美夢，是永生之鳥。

在人們的右首，是九頭蛇之噩夢，是不斷變幻的魔鬼。

二〇一六年十一月，八十二歲的詩人倫納德．科恩離世。他曾寫有一首〈讚美詩〉：

有一個裂縫——
一個裂縫——
在萬事萬物之中
那就是為什麼光線能夠進入

PLUS 7

INK PUBLISHING

# 如何老去

## 長壽的想像、迷思及智慧


| | |
|---|---|
| 作　　者 | 常　青 |
| 總 編 輯 | 初安民 |
| 責任編輯 | 宋敏菁 |
| 美術編輯 | 黃昶憲 |
| 校　　對 | 吳美滿　宋敏菁 |

| | |
|---|---|
| 發 行 人 | 張書銘 |
| 出　　版 | INK 印刻文學生活雜誌出版有限公司<br>新北市中和區建一路249號8樓<br>電話：02-22281626<br>傳真：02-22281598<br>e-mail：ink.book@msa.hinet.net |
| 網　　址 | 舒讀網http://www.sudu.cc |

| | |
|---|---|
| 法律顧問 | 巨鼎博達法律事務所<br>施竣中律師 |
| 總 經 銷 | 成陽出版股份有限公司 |
| 電　　話 | 03-3589000（代表號） |
| 傳　　真 | 03-3556521 |
| 郵政劃撥 | 19785090　印刻文學生活雜誌出版有限公司 |
| 印　　刷 | 海王印刷事業股份有限公司 |

| | |
|---|---|
| 港澳總經銷 | 泛華發行代理有限公司 |
| 地　　址 | 香港新界將軍澳工業邨駿昌街7號2樓 |
| 電　　話 | 852-27982220 |
| 傳　　真 | 852-27965471 |
| 網　　址 | www.gccd.com.hk |

| | |
|---|---|
| 出版日期 | 2017年 8 月　初版 |
| ISBN | 978-986-387-189-7 |

定　價　320 元





國家圖書館出版品預行編目資料

如何老去：長壽的想像、迷思與智慧
／常青 著 --初版, --新北市中和區： INK印刻文學,
2017.8　面 ；14.8× 21公分. --（Plus；07）
ISBN 978-986-387-189-7　（平裝）
1.老年 2.生活指導
544.8　106012183